# A MÁQUINA CLASSIFICATÓRIA DE HUMANIDADES

escritos excrementais

por
Bartholomew Feather

# BART
## A REAL EXCREMENTAL HERO

HELLCORE
INDUSTRIES

# A MÁQUINA CLASSIFICATÓRIA DE HUMANIDADES

escritos excrementais

por
Bartholomew Feather

tradução
Roberto Dalmo

2023

Copyright © 2023 o autor
1ª Edição

**Direção editorial**: José Roberto Marinho

**Revisão**: Francielly Baliana
**Capa**: Fabrício Ribeiro
**Projeto gráfico e diagramação**: Fabrício Ribeiro
**Ilustração**: Rod HellCore @hellcore.industries

Edição revisada segundo o Novo Acordo Ortográfico da Língua Portuguesa

Dados Internacionais de Catalogação na publicação (CIP)
(Câmara Brasileira do Livro, SP, Brasil)

---

Feather, Bartholomew
A máquina classificatória de humanidades: escritos excrementais / Bartholomew Feather; tradução Roberto Dalmo. – São Paulo: Livraria da Física, 2023.

Bibliografia
ISBN 978-65-5563-337-5

1. Humanidade - Filosofia 2. Linguagem 3. Linguística aplicada
4. Reflexão (Filosofia) I. Título.

---

23-158246 CDD-418

Índices para catálogo sistemático:
1. Linguística aplicada 418

Eliane de Freitas Leite - Bibliotecária - CRB 8/8415

Todos os direitos reservados. Nenhuma parte desta obra poderá ser reproduzida sejam quais forem os meios empregados sem a permissão da Editora.
Aos infratores aplicam-se as sanções previstas nos artigos 102, 104, 106 e 107 da Lei Nº 9.610, de 19 de fevereiro de 1998

Editora Livraria da Física
www.livrariadafisica.com.br
(11) 3815-8688 | Loja do Instituto de Física da USP
(11) 3936-3413 | Editora

*"We are contaminated by our encounters;*
*they change who we are as we make way for others".*
*(Anna Tsing -The Mushroom at the End of the World)*

# Apresentação

Quando me associei à pesquisa em Therolinguística[1] não saberia o que iria encontrar. Mudar de área de estudo não é uma tarefa muito fácil e quem ousa fazê-la precisa de muita dedicação. Eu confesso que tive um pouco de sorte, afinal, sempre fui aficionado por algumas abstrações. Quando comecei a olhar melhor para as marcas deixadas pelos pombos aquilo me fascinou. Comecei a pensar que aquelas imagens poderiam ser alguma forma de expressão, uma espécie de comunicação pictórica. Com o surgimento da Therolinguística percebi

---

1   Ciência ficcional criada por Ursula Le Guin que, segundo Vinciane Despret em *Autobiografia de um polvo e outras narrativas de antecipação*, "Designa o ramo da linguística voltado ao estudo e à tradução das produções escritas por animais".

que poderia encontrar nesse ramo do conhecimento as respostas que eu buscava e, por isso, a mudança tão repentina de área. Compartilho, então, meu primeiro achado: o livro "A Máquina Classificatória de Humanidades: escritos excrementais", elaborado pelo pombo Bartholomew Feather. O autor é um pombo comum – desses encontrados vagando pelas ruas, no alto dos postes, nos bancos das praças – com algo bastante incomum para se dizer. Peço que superem o estranhamento e se aprofundem em seus textos, afinal, as reflexões que aqui se encontram fazem parte de uma junção de dados coletados entre 2017 e 2022 ao redor de uma praça pública que, para garantia do sigilo ético, passou a ser chamada de praça 7 de março.

Tal trabalho, devido à sua magnitude, não seria possível sozinho e muito me honra dizer que esse livro só emergiu como fruto de um trabalho coletivo de mais de 100 pesquisadoras e pesquisadores que, entre muitas atividades inenarráveis, contribuíram com a coleta de amostras, digitalização e sistematização dos dados para análise, além do esforço de interpretação. A união dos fragmentos constitui-se quase que como um quebra-cabeças infantil e, por isso, eu não poderia deixar de destacar a importância do software NbPbX 2.0 que contribuiu com o processo de decodificação e organização dos dados.

Vocês poderão notar que os escritos de Bartholomew Feather nos provocam, afinal, eles são um exercício de constante experimentação e expressão. Sem mais a acrescentar, espero que essa obra impacte a sua vida, assim como ela impactou a minha. Os escritos de Bart – como é conhecido pelos outros pombos do bando – foram, para mim, como o encontro entre um excremento e um paletó chique no dia mais atribulado do ano – desconcertando, mudando a programação, contaminando.

*Roberto Dalmo Varallo Lima de Oliveira*

# A carapaça do mundo presente

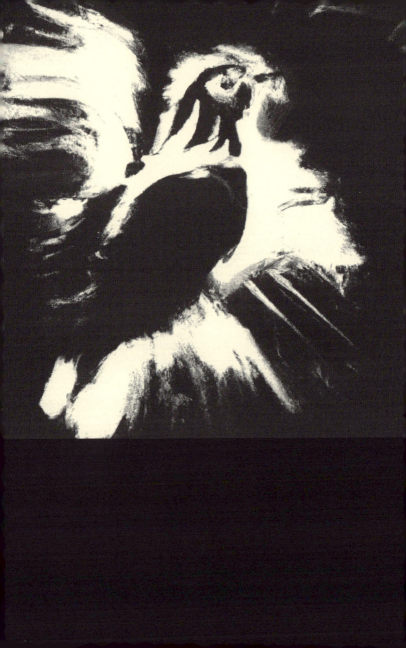

*"[...]*
*Em breve esse trabalho será concluído.*
*E a carapaça terá de ceder.*
*A carapaça do mundo presente.*
*Levantada sobre as mutilações digestivas de*
*um corpo esquartelado em dez mil guerras*
*e pela dor,*
*e a doença,*
*e a miséria,*
*e a penúria de gêneros, objetos e substân-*
*cias de primeira necessidade.*
[O Homem-Árvore]
Antonin Artaud

# A carapaça do mundo presente

O Humano e a Humanidade. Não há nada que me instigue mais nesse momento do que esse par de conceitos interligados entre si e que mobilizam infinitos entendimentos sobre o habitar em Terra – acho que eles me fizeram passar algumas boas horas por dia, nos últimos anos, pensando. Eu confesso que, especialmente nos momentos que precederam a escrita deste texto, comecei a formar uma espécie de angústia. Quando senti que isso aconteceu, também senti que precisava me lançar à escrita e expressar aquilo que fosse produto de tal angústia. A escrita é uma forma de abraçá-la, e o texto, que se faz como produto desse ato, devolve o abraço, me conduzindo a novas angústias.

O Humano e a Humanidade, como conceitos e, portanto, em disputa, fundam-se a partir de uma série de movimentos de cisão: o Humano é porque existe o não humano; a Humanidade é porque existe a não humanidade – o que está dentro nega tudo aquilo que está fora e o que está fora está porque não possui uma certa "utilidade" para aqueles que comandam a capacidade de dar significado ao Humano e a Humanidade. Esse confronto com o Humano e a Humanidade foi o que me gerou uma profunda sensação de angústia: perceber em vocês um desejo de humanização do mundo e a formação de uma realidade que se utiliza de categorias como humano e humanidade para destruir tudo o que não se encaixa.

Quando amplio a reflexão para as Educações a angústia se amplia. Elas são indispensáveis à significação de "Humano" e "Humanidade", bem como constituintes das cisões que irão estabelecer parâmetros para dizer "quem pertenceria" ou "quem deixaria de pertencer" ao que é chamado de Humano e Humanidade. Como pensar, agir, diante desse sentimento angústia que me toma? Se por um lado as noções de Humano e Humanidade permitiram que muitos de vocês considerassem a tortura, o racismo, o machismo, a fome, como desumanidades e, por isso, aprenderam a rechaçá-las e a se indignar diante de tais "desumanidades" (aprenderam, mesmo?); se por esse mesmo lado aprenderam que essa indignação os tornaria mais humanos – o que permitiria uma sensação de pertença somada a uma sensação de que, com o passar dos anos, vocês progrediram (progrediram, de fato?); por outro lado, a noção de humano e de humanidade foi devastadora – ela matou, estuprou, roubou bens, conhecimentos, subjetividades, ela invadiu territórios e colonizou aqueles que neles habitavam, impôs valores em detrimento de quaisquer outros, etc... De um ponto de vista mais amplo dos habitantes de Terra, vocês traçaram uma linha divisória entre os seres e mataram indiscriminadamente os "não humanos" – vocês comem em excesso e para muito além do que os satisfaz, fizeram da morte "não humana" uma série de indústrias. Destruíram rios, montanhas, florestas, tudo o que não se encaixa na Humanidade foi destruído. Além disso, tudo passou a poder ser desumanizado para que, assim, seja destruído com o consenso daqueles que se julgam Humanos e possuem autoridade e poder para tal feito. Fizeram isso com as pessoas negras e justificaram escravizações, mortes, estupros; o mesmo com indígenas para justificar a catequização, e continuam a fazer com ambos os grupos para legitimar todos os tipos de violência possível.

De certa forma, aprenderam até que as Ciências, as Artes e as Filosofias, mediadas pelas Educações, contribuem para que vocês se tornassem mais Humanos e que se sintam mais pertencentes à Humanidade. Entretanto, percebo que são as mesmas categorias de Ciências, Artes e Filosofias, mediadas pelas Educações, que estruturam as cisões, cavam os abismos entre as existências em Terra. Esse divórcio entre o pertencimento à Humanidade legitimadora de Direitos e de possibilidades de uma vida-morte feliz para um grupo restrito de habitantes e o pertencimento a uma "não humanidade" criada por critérios que insurgem no interior daquilo que mais à frente chamarei de Máquina Classificatória de Humanidades é o que fortalece a angústia que sinto e que me provoca a refletir sobre o Humano e o não humano, a Humanidade e a não humanidade, e sobre as Educações nesse processo.

Outro tema importante para esse livro são as Educações. Vejo sempre que vocês se importam muito com elas e isso faz com que eu pense muito sobre. Sim, eu sempre penso sobre Educações – por mais que me force a não pensar. Falo de Educações no plural porque quero fugir de uma imagem inicial de algo relacionado à escola ou de algo relacionado a uma intenção explícita de ensinar um determinado conteúdo a alguém e, consequentemente, fugir de algo relacionado a alguém aprendendo – não que sejam imagens erradas sobre as Educações, mas porque elas nos levam para um caminho um pouco menos complexo do que eu gostaria. O problema das Educações antecede, inclusive, aos problemas da vida, da morte, da vida-morte. É bem um fato que sem vida não há Educações, entretanto, são as Educações que possibilitam que vocês entendam a "vida" como vida, a "morte" como morte, a "vida-morte" como vida-morte – elas são uma parte responsável para que vocês possam imaginar vidas boas de serem vividas e mortes boas de serem morridas.

Vocês, que chamei de "Habitantes da Máquina Classificatória de Humanidades", produzem Educações e as Educações produzem os Habitantes, não físico-quimicamente, mas existencialmente – e isso ocorre e ocorrerá durante o tempo que os condicionantes físico-químicos permitirem.

As Educações estão no entremeado da vida-morte, bem como na sua qualidade. Se a interdependência entre toda matéria-energia que habita o que vocês chamaram de universo proporcionou a vida, a vida que vocês querem viver – ou a que podem viver – passa pelo que vocês chamam de "Educações", bem como a capacidade de chamar matéria de matéria, energia de energia e interdependência de interdependência. Tomando a importância das Educações para vocês digo que os Habitantes da Máquina Classificatória de Humanidades são produtores e produtos das Educações e que elas, por sua vez, são importantíssimas para o funcionamento de tal aparato.

As Educações significam a sua existência e, no intuito de ampliar nossa compreensão sobre esse ponto, apresento alguns exemplos: o primeiro, é trazido pelo Zen Budismo – uma peça-derivada da peça Filosofia –, que produz um entendimento sobre vida-morte a partir da percepção onda-oceano: a onda que surge em um oceano é onda, mas, também, é oceano.

Ela é onda: vocês podem vê-la, medi-la, perceber a sua presença, podem tentar calcular sua subida, sua descida, podem inclusive prever o seu tempo de duração, fazer distinções entre ondas e entender o impacto de sua quebra para a formação de novas ondas e na alteração no balanço do oceano. Ela é onda, mas, também, é oceano. O quebrar das ondas faz com que elas retornem para o seu estado oceano e, com isso, que outras ondas se formem, quebrem, até um momento em que o oceano deixe de ser oceano e se transforme em outra coisa, diferente de oceano no cosmos.

O segundo exemplo surge com a frase amplamente divulgada do Carl Sagan que dizia que todos (e me sinto incluído nessa) "somos poeiras das estrelas". Algumas compreensões da Astronomia – uma peça-derivada da peça Ciência – levam para uma percepção análoga à provocada pelo Zen. Ambas provocam reflexões sobre o fato de que tudo aquilo que nos constitui hoje um dia esteve em outra forma agregada e, depois disso, desse estado onda, tudo se transformará. As Educações permitem que vocês, Habitantes da Máquina Classificatória de Humanidades, consigam compor significados a partir dos fluxos produzidos pelas Ciências – bem como elas também proporcionam que as Ciências sejam impactadas por outros fluxos – como os de outras peças, dentre elas, as Artes e Filosofias. O que fazem, nesses dois exemplos, o Budismo e a Astronomia senão produzir significados sobre as suas existências?

Produção de significados mediados pelo que chamo aqui de Educações, vísceras da Máquina Classificatória de Humanidades, povoa os entendimentos dos Habitantes da Máquina Classificatória de Humanidades sobre o estar nesse mundo. Fluxos em um sistema classificatório que estabelece hierarquias, vozes possíveis de serem ouvidas, vozes necessárias de serem caladas. Fluxos e fluxos que conduzem a entendimentos sobre o ser do Humano e a Humanidade. Fluxos que conduzem ao apagamento daquilo que é não humano e não humanidade. Fluxos constituintes de uma Máquina Classificatória de Humanidades.

A vida-morte, mesmo prescindindo de significados, possibilitou o surgimento de processos de significação. De alguma forma vocês conseguiram tornar a vida-morte qualificável e, associada a esse acontecimento, foi criada a Máquina Classificatória de Humanidade – fato que proporcionou a sistematização da existência. **A Máquina Classificatória de Humanidades, em seus processos de maquinofagia colonizadora, tomou de assalto diversas Máquinas Existenciais e se construiu como o Todo – construiu-se como *background* da existência. Vocês passaram a habitar a Máquina Classificatória de Humanidades desconsiderando-a, ou melhor, passaram a conviver tão de perto que vocês perderam a capacidade de distingui-la. A disputa pelo trono maquínico passou a significar que o vencedor controlaria a capacidade de dizer o que é ou não é "Humano", ou aquilo que é ou não é a "Humanidade".** As Educações se tornaram indispensáveis ao funcionamento da Máquina Classificatória de Humanidades, indispensáveis para garantir que o desejo daqueles que se sentam nos tronos maquínicos fosse alcançado. Daqui consigo perceber que é pelas Educações que fluem os fluxos produzidos pelas Ciências, Artes e Filosofias. São elas que proporcionam o entendimento sobre como habitar a Máquina Classificatória de Humanidades e, também, são elas, que os ensinaram a ignorar ou devorar outras Máquinas Existenciais, como aquela à qual pertenço. Tomo então os conceitos de Humano e Humanidade como produtos e produtores da Máquina Classificatória de Humanidades e, consequentemente, alicerçados em suas vísceras: as Educações.

Todo livro é também uma forma de registro dos movimentos, encontros, desencontros que possibilitam o pensar. Posso dizer então que este livro é sobre encontros. Composições com alguns personagens que encontrei enquanto sorrateiramente buscava algumas migalhas de pão tombadas no chão. "o equilibrista" – artista-cientista-filósofo; com o hacker – profundo conhecedor dos códigos constituintes; e com o zumbi – detentor de uma força arrebatadora, irrefreável, sedenta, unidirecional. Tais encontros me proporcionaram um entendimento sobre a Máquina Classificatória de Humanidades como produtora e produto dos conceitos de Humanos e Humanidade, bem como entendimentos sobre as Educações. Não deixarei de contar com detalhes esses encontros, afinal, os "poderosos" humanos quase sempre me ignoraram e isso me fez ter uma visão privilegiada.

O equilibrista brinca com o devir. Ele se equilibra graciosamente, ponderando pesos, forças, intensidades, ponderando tudo que o afeta. O equilibrista é um produtor. Ele produz forças em sentidos opostos àquelas que proporcionariam o seu encontro com o caos. O equilibrista sabe que tal encontro é inevitável, mas adiá-lo é ter mais tempo para suas peripécias, mais tempo para apreciar, aprimorar sua arte, gozar os encontros. O ofício do equilibrista vai ao encontro do perigo. "Viver é perigoso, só podemos morrer enquanto estamos vivos", diz o equilibrista em tom de deboche. "É a realidade que me importa, ela que é urgente. Medo? Medo de quê? Caminhar sob o fio da navalha? A realidade, além de mais perigosa, é tudo que me importa". Por que escrever? Diga você o motivo que te traz aqui! Eu escrevo porque as Educações dos Humanos são perigosas. Elas promovem o montar, o desmontar do mundo e permitem propor rearranjos. Elas são perigosas porque estamos em um emaranhado de forças, poderes produtores de caminhos possíveis e porque a Máquina Classificatória de Humanidades quer destruir tudo que a ela não se curva. Eu não me curvei e, por isso, eles me chamam de pombo sujo e cagão.

O hacker, por sua vez, domina os códigos. Domina-os porque foi criado no âmago da Máquina Classificatória de Humanidades, como um bebê de ouro nascido para exemplificar o sucesso da Máquina no processo de classificar humanidades. O hacker cresce e passa a poder – ele possui acesso ilimitado ao sistema. Ele não está tão distante do centro da Máquina Classificatória de Humanidades ao ponto de ser sub-humanizado e nem tão perto a ponto de ser capturado. O hacker é aquele que é útil ao sistema da Máquina Classificatória de Humanidades, ele é um troféu – "Vejam que belo é o meu funcionamento". Certo dia, o hacker percebe o funcionamento da Máquina a partir de um outro ângulo – Caminho aberto pelo equilibrista? Uma dezumbificação? – e se revolta. O hacker nutre um desejo de mudança aliado ao conhecimento profundo dos códigos. Ele nos diz: "vamos modificar o sistema! Aprendam os códigos, atuem nos interstícios, viralizem! Inspirem-se no besouro rola-bosta para enfrentar a Máquina Classificatória de Humanidades, proporcionem inoculações virais, eu assim farei!" Por que escrever? Porque a escrita é uma forma de registrar os códigos, revelar os métodos, porque a escrita é uma forma de denunciar e convocar movimentos.

Para o hacker, um livro só merece ser escrito se for uma forma de expressão da revolta contra algo existente – o registro de uma ideia embrionária da qual ele é produtor.

O zumbi é um amigo que nasceu na Máquina Classificatória de Humanidades e, quando apresentado a alguns valores, ele, imediatamente, tomou-os como seus. O zumbi, sujeito de poucas palavras, exclama "é isso!" e, em seguida, persegue o "isso". O zumbi persegue a ideia, o paraíso, o porvir. Ele é o sujeito do adiamento, porém, isso não pode ser confundido com nenhum tipo de infelicidade. Ao zumbi sempre há algo que falta, mas ele faz da busca a sua satisfação. O zumbi é força irrefreável. Ele sozinho pode ser detido facilmente, mas as hordas são preocupantes. Você já viu hordas de zumbis? O zumbi cria sagrados sem previamente uma análise detalhada. Seja porque a vida cobrou isso ou porque seguir movimenta seus desejos.

Equilibrista, hacker e zumbi nascem como produtos dos fluxos de Educações que dão funcionamento à

Máquina Classificatória de Humanidades, e conhecê-los me ajuda a compreender a constituição/efeitos do Humano, da Humanidade, cunhados maquinicamente, e das Educações como vísceras. Pensar com eles, coabitantes da Máquina Classificatória de Humanidades, constitui-se como um exercício de imanência. O equilibrista, nesse momento, diz com aspirações poéticas: "é preciso experimentar! Sinta o vento frio, perceba a altitude, sinta a dor que a corda proporciona ao seu pé. Experimente! Experimente os fluxos, experimente as Máquinas Existenciais! Vá e volte! Experimente avançar sobre cada uma das incontáveis linhas que nos subjazem". O hacker: "dominando o código conseguimos compreender o funcionamento da Máquina Classificatória de Humanidades, encontrar frestas para inoculações virais. Analisar minuciosamente a Máquina, porque ela possui um forte poder de captura". E, por fim, o zumbi diria: "vamos! Vamos juntos! Descobri a verdade."

# A Máquina Classificatória de Humanidades

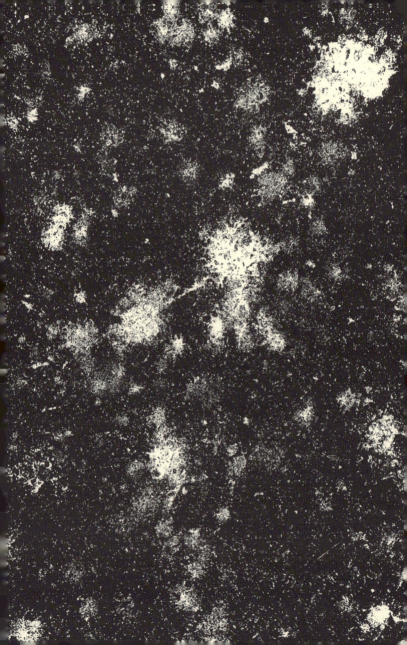

*"Uma máquina se define como um sistema de cortes. Não se trata de modo algum do corte considerado como separação da realidade; os cortes operam em dimensões variáveis segundo a característica considerada. Toda máquina está, em primeiro lugar, em relação com um fluxo material contínuo (hylê) que ela corta. Funciona como uma máquina de cortar presunto: os cortes operam extrações sobre o fluxo associativo. [...] Longe de se opor à continuidade, o corte a condiciona, implica ou define aquilo que ele corta como continuidade ideal. É que, como vimos, toda máquina é máquina de máquina. A máquina só produz um corte de fluxo se estiver conectada a outra máquina que se supõe produzir o fluxo. Sem dúvida, esta outra máquina, por sua vez, é na realidade corte, mas ela só o é em relação a uma terceira máquina que produz idealmente, ou seja, relativamente, um fluxo contínuo infinito."* (Deleuze e Guattari, 2010. p.44-45)

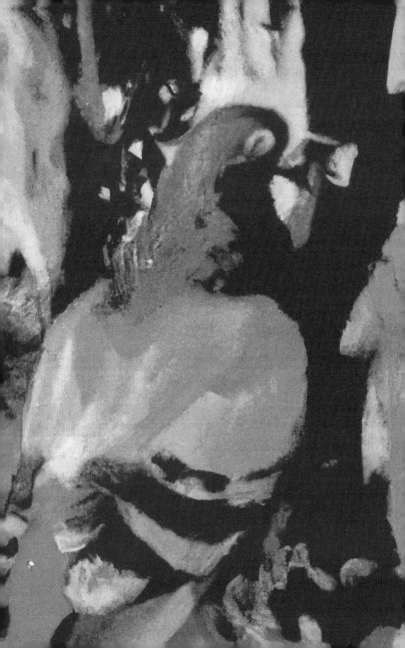

# A Máquina Classificatória
# de Humanidades

Conheci Deleuze e Guattari a partir de um livro esquecido no banco de uma praça. "O anti-Édipo", dizia a capa. Ele me deixou bastante impactado e, ao mesmo tempo, me ajudou a entender algumas coisas sobre os Humanos e a Humanidade. Por isso, tomo aqui como Habitantes todas as entidades que habitam Terra. Utilizando como base os critérios criados pela Máquina Classificatória de Humanidades podemos dizer que são "Habitantes" as árvores, os peixes, os vegetais, as substâncias orgânicas e as inorgânicas constituintes, energias diversas captáveis, as ainda não captáveis e nós, pombos. Todas as entidades que habitam, mesmo que por um tempo finito, Terra. Os Humanos são, então, uma parte dos Habitantes de Terra que, entre aquilo que foi atribuído como vida-morte, habitam também, a Máquina Classificatória de Humanidades. Segundo a classificação criada pela/na Máquina Classificatória de Humanidades, todos os Habitantes de Terra que não coabitam a Máquina Classificatória de Humanidades são não humanos. O coletivo de habitantes da Máquina Classificatória de Humanidades é chamado de, logicamente, Humanidade.

Tomando alguns entendimentos sobre o funcionamento dos ditos "Humano" e "Humanidade" que aquele e alguns outros livros me proporcionaram, além da observação sistemática dos amigos Equilibrista, Hacker e Zumbi, posso afirmar que PRUUU... a Máquina Classificatória de Humanidade é uma Máquina derivada das existências que habitam Terra. Ela derivou-se, desprendeu-se em sensação de superioridade e desejo de dominação. A Máquina Classificatória de Humanidades foi assim nomeada devido ao seu efeito imediato. A Máquina

Classificatória de Humanidades não é uma estrutura sólida, maciça e com peças engendradas milimetricamente, vapores e conexões em estética *Steampunk*, tampouco se assemelha também a um design futurista com contornos aprazíveis e reflexos solares. A Máquina Classificatória de Humanidades é disforme, nebulosa, fluida. As peças: Máquinas de Máquinas – micromáquinas em relação à Máquina Classificatória de Humanidades; peças-derivadas, agregados, assim também são. Fluidos que compõem com outros fluidos, produzidos pelas peças Ciências, Artes, Filosofias e compondo entre si o seu funcionamento. A Máquina Classificatória de Humanidade surge a partir de uma complexa interconexão entre peças – ela possui as Ciências, as Artes, as Filosofias como peças minimamente articuladas, engendradas em nível molecular. A Máquina Classificatória da Humanidades classifica, segrega, agrupa, ficha, categoriza, divide, cataloga, identifica, rotula, especifica, separa, distribui, capacita, habilita, qualifica, aprova, corta. Aprendi com o hacker que a molecularidade das peças que a compõem requer enfrentamentos virais. A Máquina Classificatória de Humanidades existirá até, minimamente, a extinção daqueles que nela habitam. A Máquina Classificatória de Humanidades captura outras Máquinas Existenciais para si, ou seja, ela se alimenta e se desenvolve a partir de um processo maquinofágico colonizador. Como a Máquina Classificatória de Humanidades é composta por peças, em nível molecular, elas vibram – simetricamente, assimetricamente, para um lado, para outro, para frente, para trás, ressoando fortemente, impondo vibrações, capturando algumas novas peças e descartando outras. A Máquina Classificatória de Humanidade classifica Humanidades – seleciona, hierarquiza. Ciências, Artes, Filosofias, capturam e são capturadas pela Máquina Classificatória de Humanidades. Ela possui sede e busca, incessantemente, Humanidades para classificar. Ela já viajou, invadiu, estuprou, cuspiu e classificou, escravizou. A Máquina Classificatória de Humanidades também transforma as excluídas peças em peças úteis – a que não se encaixa já se tornou rei. A que não se encaixa fez insurgir e lá ficou – dominando a máquina, gozando as peças, ditando, classificando Humanidades. A que não se encaixa outrora se tornou burguês. A que não se encaixa fez insurgir e lá ficou – dominando a máquina, gozando as peças, ditando peças, classificando Humanidades. Da casa à colônia, ao mundo-colônia, ao porvir. O equilibrista nos ensina que a Máquina Classificatória de Humanidades existirá até o fim do penúltimo habitante que dirá: "Eu sou!" e gozará da razão antes do fim. A Máquina Classificatória de Humanidades não funciona por acoplamentos, mas por ressonâncias vibracionais. A Máquina Classificatória de Humanidades deixa, em seu topo, tronos maquínicos e, ao lado de cada trono, uma placa: "Meu reinado para aquele que conseguir se levantar e partir".

As peças da Máquina Classificatória de Humanidade são fragmentos, ainda instáveis e caóticos, de estabilizações do caos. As peças da Máquina Classificatória de Humanidades não se acoplam, pelo contrário, elas trabalham por meio de um sutil enlace vibracional. As peças da Máquina Classificatória de Humanidades conseguem promover ressonâncias, ou seja, elas vibram e conduzem vibrações vizinhas. As peças da Máquina Classificatória de Humanidades podem ser abafadas e amplificadas. As peças são fragmentos de devir estabilizados pela Máquina Classificatória de Humanidades. Quando entrecortadas e fragmentadas em peças menores tonam-se peças-derivadas, já quando agrupadas, aglutinadas em peças maiores tonam-se mega agrupamentos. As peças são, em seu estado derivado ou em qualquer nível de agrupamento, produtoras, mas, também, produto da Máquina Classificatória de Humanidades. Elas promovem vibrações, mas, também, vibram formando consonâncias, dissonâncias, harmonias e desarmonias. As Ciências, Artes, Filosofias são peças da Máquina Classificatória de Humanidades e se fragmentam em incontáveis peças-derivadas. Elas se articulam na formação de mega agrupamentos, mas, também, em nível molecular, dançando freneticamente no ritmo da Máquina Classificatória de Humanidade. Ritmo ditado pelos tronos maquínicos e por processos de insurgência. Entretanto, muitas peças que não dançam no ritmo da máquina Classificatória de Humanidades são caçadas e fadadas a reduzir suas vibrações até quase o desaparecimento; já as que resistem ganham a chance de novas ressonâncias, formação de agrupamentos – modificando, mesmo que de forma imperceptível para peças mais distantes, a Máquina Classificatória de Humanidades. Boa parte das peças da Máquina Classificatória de Humanidades é influenciada pela vibração dos mega agrupamentos – algumas peças-derivadas entram em consonância vibracional, outras tornam-se dissonantes em relação aos mega agrupamentos. Com o passar do tempo, as peças-derivadas dissonantes que não conseguem manter sua vibração passam, também, a vibrar conforme a frequência imposta pelos mega agrupamentos – a Máquina Classificatória de Humanidades é implacável. As peças-derivadas dissonantes que mantêm sua vibração independente são consideradas e nomeadas como vírus e passam a ser caçadas.

Apesar de todos os habitantes de Terra serem interdependentes e estarem interconectados, a Máquina Classificatória de Humanidades foi construída a partir da criação de cisões. O habitante que chamarei de n.1 criou a Máquina Classificatória de Humanidades e ela o criou como Humano. Ele abdicou da multiplexistência pela primeira vez e passou a gozar, também pela primeira vez, o "'Eu sou!'. n.1". Após criar a Máquina Classificatória de Humanidades e dizer 'Eu sou!', passou a dizer, incessantemente:

'ele é', 'ele não é!', 'ele pertence!', 'ele não pertence!'. n.1 avançou e disse: 'Você pode ser se...'. n.1 criou a Máquina Classificatória de Humanidades e ela o criou – Humano, tão poderoso Humano. O habitante, junto com outros habitantes também classificados como Humanos, criaram peças, roubaram peças de outras Máquinas Existenciais. Os habitantes têm sede e fome pelo ser e dançam freneticamente pela afirmação do 'Eu sou Humano' – afirmação que, simultaneamente, lança uma cadeia interconectada de não-ditos: 'Você é também?'; 'Você não é!', 'Você deseja ser?'... Todo habitante é potencial produtor de peças. n.1, criador da Máquina Classificatória de Humanidades, criou não só uma distinção com outras Máquinas Existenciais, mas também uma profunda distinção entre qualquer outra forma produtora de existências. O habitante, poderoso Humano, tornou-se ditador de Humanidades – produtor e produto da Máquina Classificatória de Humanidades.

O Humano me classificou como Pombo e, com o passar do tempo, passei a aceitar que eles me chamassem assim... aquilo que era estranho para a gente virou o comum – o que era escárnio, virou empoderamento. Hoje eu e os meus afirmamos o orgulho Pombo. Isso, porém, não apaga esse processo que dizia, mesmo sem dizer, que "tudo aquilo que não é Humanidade, é resto". Sou esse resto de mundo que escreve com a esperança de algum dia ser lido por outros pombos e, quem sabe, alguns humanos. Sou o resto de mundo que vai te contar sobre as mazelas da Máquina Classificatória de Humanidades.

O humano passou produzir peças que, mesmo sem um objetivo prévio de classificação, passaram a ditar quem é ou não é Humano, bem como quem poderia e quem jamais poderá ser. O habitante Humano que inicia sua trajetória como criador de um aguçado sistemas de classificações torna-se seu prisioneiro. O habitante, agora chamado de Humano, já não consegue se libertar. A Humanidade tornou-se uma prisão e a Máquina Classificatória de Humanidades já não poderia ser extinta. Ela inventou um Deus e o matou. A Máquina Classificatória de Humanidades fez-se Deus e de seus Habitantes, juízes. O viver, no interior da Máquina Classificatória de Humanidades separou, então, aqueles que possuem a capacidade dos bons julgamentos daqueles que não a possuem – obviamente, sempre com base nos desejos daqueles que se sentaram nos tronos maquínicos. Estar no mundo confundiu-se com a capacidade de julgar, e ficamos tão amarrados a isso que, quando nos atentamos, já não podíamos nos descolar de tal armadilha. As peças, Ciências, Filosofias, Artes, desenvolveram--se na Máquina Classificatória de Humanidades formulando parâmetros de julgamento, possibilitando classificações, enquadramentos, o dentro e o fora, humanidades possíveis, existências possíveis, existências conquistáveis, loucuras válidas e loucuras rechaçáveis, conceitos que servem, conceitos que não servem. Inventou-se a finalidade, o belo, o feio, o útil, o inútil, o pesado, o leve, a verdade, a mentira. O surgimento da Máquina Classificatória de Humanidades proporcionou o surgimento das Educações como fruto dessa cadeia de incessantes julgamentos.

As Educações são as vísceras da Máquina Classificatória de Humanidades. São tudo o que envolve as peças da Máquina Classificatória de Humanidades e, consequentemente, são elemento primordial para a capacidade vibracional de cada peça, peça-derivada, agrupamento, mega agrupamento. Se a peça é vibração em potência, o meio é o que possibilita que a vibração seja efetivada. O meio modifica as vibrações e possibilita tanto que algumas vibrações se ampliem quanto que outras se reduzam, tornando-as quase apagadas. As Educações são parte fundamental e indispensável ao funcionamento da Máquina Classificatória de Humanidades.

As vibrações, produzidas por fragmentos, ainda instáveis e caóticos, de estabilizações do caos são propagadas pelas Educações. A Máquina Classificatória de Humanidades percebe esse fenômeno e transforma, então, o meio em peça, fazendo surgir a Escola. A Máquina Classificatória de Humanidades, via Escola, não apenas classifica, mas produz, enquadra, formata os habitantes em humanos. Humanos, grandiosos humanos! Agora saberão, de forma única e sem muitas dúvidas, qual é a finalidade, o que é o belo, saberão distinguir o útil do inútil, o pesado do leve, a verdade da mentira. Grandiosos humanos! Como distinguir quais ciências, quais artes e quais filosofias? É simples! As Educações, em forma de peça te dirão, a Escola te dirá. As Educações condensadas em Escola passarão a ser agências validadoras de existências. A institucionalização das Educações passa a ser garantia, para todos aqueles sentados nos tronos maquínicos, de que seus Habitantes saberão julgar, classificar, recortar, analisar, compartimentar, aferir e atestar de acordo com os seus interesses e, consequentemente, de acordo com os interesses da Máquina. A Humanidade é um diploma.

# Os frequentadores da praça 7 de março

*"Foi um relâmpago deste último gênero de conhecimento que deslumbrou Antonin Artaud, quando ele de súbito descobriu o Ser da abelha: 'j'ai vu un Être, celui de l'abeille vivre, cela me suffitt pour toujours'. Vivências semelhantes já aconteceram com muitos outros místicos, poetas, pintores, músicos e mesmo homens e mulheres comuns em instantes privilegiados, que parecem eternos, mas quase sempre são fugazes"*. (Nise da Silveira – Cartas a Spinoza)

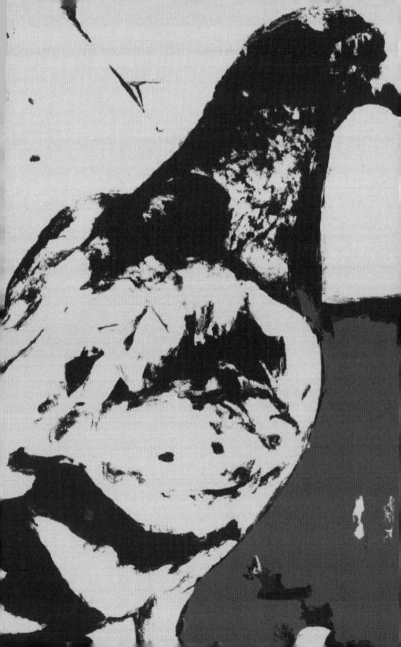

# Os frequentadores da
# praça 7 de março

Certo dia vi uma senhora sentada em um banco de praça com algumas anotações, uma espécie de carta que citava sobre alguém que conseguiu perceber a existência das abelhas. O mais impressionante era que nesse mesmo relato dizia que muitos outros, em alguns instantes, faziam isso. Não vou dizer que aguardei a percepção da minha existência porque não respeito os Humanos para tanto, porém, confesso que me abri para aprender algumas coisas com eles. Quando fiz isso, conheci e aprendi um pouco mais sobre o funcionamento Máquina Classificatória de Humanidades, tópico destes meus escritos em forma pictográfica que anseiam por uma tradução para o "humanês".

## Equilibrista[2]

Em dia de agosto de 1974 surge uma imagem atípica no "céu" de Nova Iorque. Não era o Super-Homem, nem um parente pássaro e muito menos um avião. Era Philippe Petit, atravessando os aproximadamente 43 metros que separavam as Torres Gêmeas. Petit movimentava a maromba alternando-a conforme a progressão de sua caminhada em uma corda de aço estendida entre as torres. Os conhecimentos produzidos pela ciência física dizem que para um artista sair do ponto A e chegar em um ponto B ele precisará se equilibrar durante todo o percurso, ou seja, ele deverá fazer com que o centro de gravidade do seu corpo se mantenha em um plano (imaginário) que contém o cabo esticado durante todo o trajeto. A maromba é

---

2 O equilibrista solicitou que, para este livro, seu nome fosse mantido em sigilo. Para evitar qualquer forma de assédio como, por exemplo, empresas ligando para ele e tentando transformar seus ensinamentos em um grande manual de vendas (Aprenda a ser feliz e produzir mais! Mude a mentalidade da sua equipe!). Acatei sua solicitação.

deslocada para um lado pelo equilibrista para que, durante o caminhar, haja uma compensação de forças e o equilíbrio seja mantido. A arte de equilibrar-se exige o desenvolvimento de uma consciência das forças que agem sobre o equilibrista e um entendimento daquilo que o corpo pode ou não com os recursos que estão disponíveis. O pender para um lado chama o deslocamento imediato para o outro lado – um deslocamento de forças realizado durante todo o vertiginoso percurso, ação correta no momento correto, com a intensidade correta. A mobilização para um lado, para o outro, a percepção do vento, a percepção de si – corpo e mente unificados. O caos é desafiado por uma linha reta. O equilibrista mobiliza o caos a seu favor. O equilibrista deseja mobilizar o caos e gritar para todos e para si. Eu posso! Mesmo que não tenha a certeza. Quando o equilibrista está na corda – espaço definido entre o caos caótico e a falsa sensação de ordem –, ele precisa se equilibrar. Não há saída!

Ele precisa compreender exatamente como as forças agem, como as forças que existem no mundo agem sobre o corpo. Não há saída! Ele precisa entender como o corpo reage, entender o que precisa fazer para sobreviver, ele precisa produzir! Produzir forças em sentidos opostos àquelas que querem derrubá-lo. O equilibrista é o artista da resistência! Um artista, mas, também, um sobrevivente. Acho que isso me sensibilizou. Também sou um sobrevivente, o sobrevivente das ruas. O equilibrista é um ser hábil que faz da sua arte a vida. Cada passo é uma questão de vida ou morte. Cada instante é uma questão de vida ou morte. Cada ação – deslocamento para um lado ou para outro lado – é uma questão de vida ou morte.

Meu conhecido equilibrista contou que provavelmente a morte mais conhecida de um colega de profissão tenha sido narrada por Nietzsche em "Assim Falou Zaratustra". Ele conta que Zaratustra desceu a montanha e, cheio de sabedoria e amor aos homens, foi à cidade mais próxima. Lá ele se deparou com uma multidão esperando pelo espetáculo de um bailarino de corda (um equilibrista). Diante da multidão, Zaratustra iniciou uma fala ao povo anunciando sobre o Super-Homem, a morte de Deus e sobre a importância de permanecer fiel à terra, sem esperanças supraterrestres. Zaratustra seguiu sua fala até que uma pessoa na multidão exclamou que muito já teria sido falado sobre o que dança na corda e que agora precisariam ver na prática. Enquanto todos riam de Zaratustra, o equilibrista, julgando que tais palavras se dirigiam a ele, iniciou os trabalhos. Zaratustra continuou o seu prólogo em uma vertiginosa pregação sobre o Super-Homem e subitamente as bocas da multidão se emudeceram, iniciando um alvoroço. No alto, entre duas torres, estava um equilibrista que, cordabambeando-se em seu espetáculo, ao chegar na metade do caminho se deparou com um segundo equilibrista – com a aparência de um palhaço e vindo em sua direção, ativo, brilhante, mais rápido. O segundo equilibrista, ao chegar a um passo daquele que saíra antes, deu um gigantesco salto sobre o primeiro e seguiu o seu caminho. Ao presenciar tamanha grandiosidade, o primeiro bailarino de corda ficou atônito e precipitou-se no abismo, caindo ainda com vida, nas proximidades de Zaratustra. Após uma conversa, o equilibrista caído morre e é enterrado por Zaratustra, com suas próprias mãos – em sinal de respeito.

Em uma interpretação possível para o episódio, eu entendi o primeiro equilibrista, com um deslocamento lento sobre a corda, como aquele a ser superado, enquanto o segundo, aquele que andava intensamente, saltava e desconcertava o primeiro equilibrista (fazendo-o cair), como o porvir, o enérgico, o irrefreável. Zaratustra, em uma posição de observador, nada podia fazer. Ele apenas atestava que o Super-Homem não pede licença, que o futuro não é planejado, assim como não foi planejado o aparecimento do segundo equilibrista. A partir de uma percepção arrebatadora de um futuro atropelante, nada restaria ao primeiro equilibrista que não fosse a morte. O respeito dado ao que sucumbiu surgiu apenas porque ele fizera do perigo o seu ofício. Tal história me fez questionar sobre quais amarras prendiam tanto o primeiro equilibrista à corda? Seria o medo da morte, o medo da rasteira de um demônio? O equilibrar-se pressupõe um produzir de forças sempre em sentidos opostos àquelas que o derrubariam, equilibrar-se implica abraçar o inesperado. O segundo equilibrista, por mais forte, impetuoso, vibrante e capaz que pudesse ser, surge, ainda assim, caminhando pela corda estendida entre o "animal" e o "Super-Homem".

Esse entendimento me pegou arrebatadoramente, afinal, a Máquina Classificatória de Humanidades fez tão bem o seu serviço de classificar e hierarquizar os habitantes que nem o sábio Zaratustra a percebeu e certamente o segundo equilibrista também não a perceberia. Ser o mais apto, vibrante, intenso, ser quele que supera o homem é ser como um peixe abissal vivendo a verdade daquela profundidade. À medida que mergulhamos nas profundezas da Máquina Classificatória de Humanidades, nos afogamos pela falta de respirar outras existências. Esse mergulho jamais seria percebido por Zaratustra e muito menos pelo palhaço equilibrista. Esse mergulho só poderia ser percebido pelo primeiro equilibrista se ele sobrevivesse.

Assim, questiono: e se o primeiro equilibrista não morresse? E se ele desmaiasse e Zaratustra, com preguiça de enterrá-lo, simplesmente fosse embora? E se o corpo do equilibrista ficasse lá, deitado em praça pública por algumas horas, e ele subitamente acordasse com grandes dores no corpo, com uma brutal dor de cabeça e com uma profunda vergonha? Após esse fato, e se ele, então, decidisse vagar até lugares distantes onde sua vergonha se esconderia e seu ofício pudesse ser exercido sem a memória daquele fatídico tombo? Nessa alternativa, já sem medo dos demônios, sem tantas amarras ao ser, vivendo nas fronteiras, lançando cordas para outros mundos e voltando com os aprendizados, o equilibrista renasceria – Artista Cientista, Filósofo.

O equilibrista diz: "Eu irrompi. Fui parido no ventre da Máquina Classificatória de Humanidades, mas renasci como um Alien RidleyScotiano – potência pura. A Máquina Classificatória de Humanidades tentou incansavelmente tornar-me dócil e útil pelo caminho das ciências, das artes, das filosofias. Dominei o corpo a mente e transformei minha potência em incontáveis forças. Agi no sentido oposto daquelas que buscaram me dominar. Tornei-me íntimo do caos e aprendi a conviver com a dor porque descobri que a corda só faz dor com a mesma força de dor que nela fazemos. Após a queda, caminhei por entre outras Máquinas Existenciais e percebi a torpe ação da Máquina Classificatória de Humanidades. Aprendi os pesos, entendi as forças que agem e me tornei O equilibrista – aquele que lança as cordas para uma infinidade de novos mundos possíveis. Aquele que se reconheceu como potência e denuncia para todos os outros a vileza da Máquina Classificatória de Humanidades. Aquele que diz: Experimente!"

O equilibrista tensionou sua corda para além das peças da Máquina Classificatória de Humanidades e aprendeu os movimentos, aprendeu a compreender as forças produzidas e os fluxos que a permeiam. Ele aprendeu a realizar a avaliação das forças que precedem o acontecimento, ou seja, aprendeu a fazer uma profunda curadoria de memórias que antecedem o equilibrar-se. O equilibrista, em sua vida nas margens, entendeu que é preciso aprender a pesar para que possa fabricar sua maromba e nela distribuir homogeneamente a matéria. Preparado, ele abraçou o Devir e se tornou um exímio produtor de forças. O equilibrista aprendeu a produzir valores no imediato da ação, uma vez que o equilibrar-se pressupõe valores pré-estabelecidos, porém, nunca sabemos "como", "quando" e "se" o vento mudará o seu soprar. O equilibrista fluiu entre a Arte, a Ciência, a Filosofia, pois aprendeu, também, a ser Artista-Cientista-Filósofo. Ele passou a compreender bem o funcionamento da Máquina Classificatória de Humanidades, passou a habitar as bordas e a tensionar sua corda entre Máquinas Existenciais. O equilibrista se lançou a outros mundos e percebeu o seu não mais como um todo. Ele, nascido no ventre da Máquina Classificatória de Humanidades, renasceu e finalmente se reconheceu como movimento. Artista-Cientista-Filósofo que aprendeu a transitar entre as Máquinas, entre os mundos criados pelas Máquinas.

A ponderação é o valor sagrado para o equilibrista. Ela permite o trânsito entre grandes estruturas – entre o relativo e o universal, entre o dever e o prazer. Ele lança a corda entre as máquinas, tensiona, avalia as forças, age com prudência e joga-se ao devir. O exímio produtor de forças alcança outras Máquinas Existenciais sem os desejos de morte e dominação, e o equilibrista percebe-se, então, como movimento. Como transição. Ao voltar, ele já não é mais o mesmo, o equilibrista volta com um desejo manifesto de habitar entre os mundos, um desejo de levar a todos os outros habitantes as maravilhosidades vividas, um desejo de anunciar e existência de outros mundos. O equilibrista não se lança a outros mundos compartilhando dos desejos de unificação, construídos pela Máquina Classificatória de Humanidades. Contudo, mesmo como um Alien irrompido na Máquina Classificatória de Humanidades, ele manifesta afeto por Máquina geradora.

Esse afeto, mobilizado pelo fato de se ver como estrangeiro em qualquer outra Máquina Classificatória Existencial, faz com que o equilibrista sempre volte; faz com que ele pese e crie valores a partir da Máquina Classificatória de Humanidades. O equilibrista vai porque se lança ao Devir, mas, ao voltar, devido ao ímpeto de aprimorar o seu mundo, institui um dever-ser.

Equilibrista é força simultaneamente progressista e conservadora de uma Humanidade anunciada pela Máquina Classificatória de Humanidades. Ele se fez Cientista entre mundos, Artista entre mundos e Filósofo entre mundos. Ele se fez movimento e trânsito. Ele vai a outros mundos e volta com desejos e deveres. "Precisamos mudar! A Máquina Classificatória de Humanidades poderá ser habitada se ... Precisamos mudar, devemos ... Se mudarmos, a Máquina mudará! Eu mudo, tu mudas, ele muda. Irrompido como potência, o equilibrista, Artista-Cientista-Filósofo, torna-se aquele que anuncia o dever-ser.

O equilibrista torna-se um humanista convicto e, para ele, cada uma das peças deve possibilitar o aprimoramento do sistema classificatório. Uma vez que a Máquina Classificatória de Humanidades não pode ser destruída, a única saída possível, para o equilibrista, será a de ampliar as existências permitidas por sua Máquina-mãe. O equilibrista busca caminhos de humanizar o sub-humanizado e denunciar o desumanizador.

Para ele, todas as existências cabem no mundo, com exceção daquelas que possuem, como força motora, a destruição das existências. O equilibrista vai a outros mundos e anuncia o dever-ser da Ciência, o dever-ser da Arte, o dever-ser da Filosofia. Ciência, Arte e Filosofia humanizadas possibilitariam fluxos humanizados – sensíveis às diversas formas de existir.

As Educações, como vísceras da Máquina Classificatória de Humanidades, no entendimento do equilibrista, devem ser proporcionadoras de um aprimoramento da Máquina Classificatória de Humanidades – as Educações humanizadas. Elas "devem ser" capazes de ensinar a todos os habitantes o funcionamento da Máquina Classificatória de Humanidades, como também a existência de outras Máquinas Existenciais. "Devem ser" ensinantes da importância de cada uma das existências, de suas belezas, conhecimentos e potências. O equilibrista lança suas cordas, vive experiências em mundos outros e volta.

O equilibrista passa a habitar as Educações com um "dever-ser equilibrista". Ele entende as Educações como proporcionadoras da experiência vivida por ele – o habitar de muitos mundos. O "devir equilibrista" sempre se torna o "dever-ser equilibrista".

Ele diz: "Não me confunda com qualquer atrevido que, sem saber os perigos do cordabambear-se, chegou, alguma vez, em algum lugar! Eu não me lanço ao destino! O meu ofício é Ciência, Arte, Filosofia... Meu ofício é ser íntimo do caos e digo, caro amigo, eu aprendi que manter os olhos semiabertos significa constantemente olhar para mim e olhar para o mundo". A ação-equilibrista estabelece uma cartografia de si e do mundo – instantes antes de pisar na tensionada corda. Após o primeiro passo, ele se mantém, durante todo o percurso, ponderando com os olhos semiabertos – ele reelabora, dosa, pesa. Ele vive outros mundos e volta anunciando as mazelas da Máquina Classificatória de Humanidades – denunciando violências e anunciando ajustes necessários. O equilibrista é o senhor da prudência e a cada passo ele se torna mais distante do ponto de partida. Ao retornar, já não é mais o mesmo.

A ação-equilibrista nos lembra de que, mesmo habitando a Máquina Classificatória de Humanidades, vocês ainda são potência e podem viver as infinitas possibilidades que nos foram negadas ao nascer. Ela instiga reconciliações pré-natais e, mesmo advertindo a dificuldade de seus ensinamentos, ela tensiona a corda e diz: "Vamos! O 'não-eu' é doloroso e urgente. Vamos! Você consegue... sinta a dor! A corda só te faz dor com a mesma força de dor que você faz nela. Nem um pouco a mais, nem um pouco a menos. Vamos! Essa é a primeira de muitas lições, o Eu e o Não-eu. Abrace a dor! Nascer vai doer até a sua morte, acostume-se! Vamos! A dor não pode, para sempre, trazer tristezas".

A ação-equilibrista propõe Educações que modificam a Máquina Classificatória de Humanidades. Ela propõe que os habitantes humanos também se lancem a outras Máquinas Existenciais, que as saboreiem, e propõe que voltem engordando a Máquina Classificatória de Humanidades com a coexistência.

A ação-equilibrista encoraja-os à multiplexistência. O equilibrista diz: "O equilíbrio não é a lei do mundo, ele é apenas uma boa forma de caminhar sobre uma fina corda. Equilibrar-se é Ciência-Arte-Filosofia, e eu, Cientista que, sem a folha de papel, produz funções, imagina cenários, propõe com o corpo possibilidades de continuar resistindo; Artista que pinta o ar com o corpo; Filósofo que encadeia conceitos para que possamos caminhar, digo: 'vamos, calce essas sapatilhas e sinta! A corda só te faz dor com a mesma força de dor que você faz nela. Vamos! Lembre-se de que você é potência!'"

O equilibrista, após viver nas bordas da vergonha do quase-morte, passou a se conhecer potência e passou a rir, de se escangalhar, do sujeito. Sujeito descentrado, afetado e afetando de forma caleidoscópica, que se reconhece como uno por vontade de pertencimento. O equilibrista ri descaradamente de toda a confusão. Ele não ri por alguma espécie de sadismo, mas porque se sabe plural, ele ri porque se permite ir, ele avança em potência. O encontro com o equilibrista foi sempre ingrato, uma vez que ele me provocava e atingia em cheio. O equilibrista é o

Artista-Cientista-Filósofo do movimento – ele produz forças em movimento para se movimentar. O movimento, para o equilibrista, é uma urgência e, sem ele, não há nada além de um poço sem fundo esperando-o. O equilibrista, em movimento, provoca ao movimento, provoca a reativar as possibilidades de multiplexistências e experimentar. Se o equilibrista vai a outros mundos e anuncia o dever ser da Ciência, o dever ser da Arte, o dever ser da Filosofia, é porque para ele Ciência, Arte e Filosofia humanizadas possibilitariam fluxos humanizados – sensíveis às diversas formas de existir ou talvez à coexistência maquínica. A ação-equilibrista nos convoca a descobrir quais cordas merecem ser esticadas, quais cordas foram cortadas, quais podem ser reparadas e se, de fato, queremos repará-las. A ação do equilibrista é sempre uma ação entre Máquinas, mas, que se finda nas transformações da Máquina Classificatória de Humanidades.

# Hacker[3]

Qual seria a imagem de um hacker? Alguém na frente de um computador? Uma pessoa com um celular? Qual é a imagem de um hacker? O hacker precisa entrar e sair de modo despercebido. Se o equilibrista chama a atenção de uma plateia, o que o hacker menos deseja é ser percebido, ele só passa a ser conhecido quando é capturado pelo sistema. O hacker é expressão do domínio dos códigos que compõem um sistema e de uma revolta. Uma revolta alicerçada em um profundo conhecimento do funcionamento estrutural. O hacker é ação direta, como uma flecha certeira. Ele não possui rosto e flui entre os códigos, convivendo engenhosamente com o constante risco de ser capturado. Ele atua esgueirando-se, tentando provocar efeitos virais a partir de certeiras atuações nos códigos do sistema da Máquina Classificatória de Humanidades.

---

3    O hacker não solicitou que seu nome fosse mantido em sigilo, mas na verdade, ele nem me contou o seu nome. E eu também não conheço o seu rosto. Ele alegou o fato de que possui grande medo de ser convidado para trabalhar para o Estado e tornar-se um grande burocrata. Um hacker caçador de hackers.

O hacker compreende o funcionamento do sistema e age sem deixar rastros. Entra, mobiliza e se modifica, reconfigura reconfigurando-se, movimenta-se imperceptivelmente, propõe formas, caminhos, futuros inimagináveis. Cria panes no complexo sistema da Máquina Classificatória de Humanidades.

O hacker não se define como Cientista, Artista, Filósofo, porém, ele domina os códigos de cada uma das peças, peças derivadas, agrupamentos e mega agrupamentos que compõem a Máquina Classificatória de Humanidades. O hacker fluiu no interior do sistema porque aprendeu os códigos, aprendeu a criar conexões, encontrar as brechas.

O hacker é um devir, uma força de intervenção. Ele é criador de vírus e panes sistemáticas, inoculações constantes em micro frestas.

O hacker mexe diretamente nos códigos, instaura mecanismos virais que provocam fragmentações em peças, peças-derivadas, agrupamentos, mega agrupamentos. Ele produz forças que provocam reagrupamentos, a formação de novas peças, peças-derivadas, agrupamentos e mega agrupamentos. O ofício do hacker também é perigoso, mas com algumas diferenças em relação ao ofício do equilibrista. Enquanto este corre o risco cair e sofrer todos os desdobramentos possíveis, aquele corre o risco de ser capturado pela Máquina Classificatória de Humanidades e se tornar um excelente burocrata. Assinar papéis, fazer declarações, processos, fluxogramas em prol de um sistema. Criar normativas, cadeias intermináveis de conexões que permitem o funcionamento desse mesmo sistema.

O pesadelo do hacker é ser capturado pelo sistema. Ter um rosto, ou melhor, um crachá. Entrar às 8h da manhã. Sair às 17h da tarde. Passar essas horas trabalhando para a Máquina Classificatória de Humanidades como um poder reacionário. Tornando-se o hacker que identifica hackers. Tornando-se uma força de intervenção reacionária que objetiva capturar qualquer vibração não autorizada na Máquina Classificatória de Humanidades.

O hacker intervém nos códigos de funcionamento das peças e produz transformações significativas no sistema da Máquina Classificatória de Humanidades, entretanto, não está imune à sedução dos tronos maquínicos. O hacker não está imune à captura feita pela máquina. O hacker, como força de habilidade extrema com os códigos, torna-se o melhor caçador de hackers.

O hacker compreende o funcionamento das peças, peças-derivadas, agrupamentos e mega agrupamentos da Máquina Classificatória de Humanidades, ele conhece a localização das frestas, dos espaços de intervenção possíveis, ele possui acesso ilimitado, desde que não seja capturado. O hacker nos ensina que a Máquina Classificatória de Humanidades é uma Máquina habitada por códigos que detêm toda a produção de significados, os quais possibilitam o entendimento dos habitantes como Humanos, não-humanos, pós-humanos e qualquer outra classificação que possam inventar. A Máquina Classificatória de Humanidades é formada por peças Ciências, Artes,

Filosofias. Tais peças, devido às suas heterogeneidades constitutivas, proporcionam constantes transformações, o que implica atualizações no sistema da Máquina Classificatória de Humanidades. O hacker nos ensina que, apesar de não se tocarem, as peças estão embebidas pelas Educações. Às vezes confrontando-se e vibrando em dissonância e às vezes vibrando harmonicamente. Apesar desse sistema complexo, o Hacker percebe que as peças, mediadas pelas Educações, trabalham a serviço da Máquina Classificatória de Humanidades, e que as disputas internas à Máquina Classificatória de Humanidades excluem a percepção de processos interMáquinas. O hacker compreende os códigos e percebe que a Máquina Classificatória de Humanidades como uma das Máquinas Existenciais. Aquele nascido para ser algo descobre que esse "algo" está a serviço de "algo", e que ele, por sua vez, também está a serviço desse "algo". Aquele nascido no berço da Máquina Classificatória de Humanidades descobre que sempre a tomou como o todo, como a Terra. O hacker é a revolta daquele filho de ouro da Máquina Classificatória de Humanidades. O hacker é a revolta daquele que nasceu para ser e, por isso, viveu amarrado. A força do hacker é a revolta do bom funcionário. Ele percebe que as vísceras da Máquina Classificatória de Humanidades se tornaram o ar que os Humanos respiram e, nessa respiração frenética de classificação, percebe que nada seriam os habitantes externos à Máquina Classificatória de Humanidades, ou melhor, seriam Bosta. Ele percebe que a criação da Humanidade é comandada por todos com o poder de ficar sentados nos tronos maquínicos. Ele percebe que transformou todos os que estão a serviço da Máquina em "Humanos" e todos os habitantes que não se curvam em "não humanos", ou seja, em bosta. Os habitantes pertencentes a outras Máquinas Existenciais são, em muitos sentidos, bosta para a Máquina Classificatória de Humanidades. O hacker, então, é aquele que percebe a uma realidade maquínica e reage com a revolta. O valor que se torna sagrado ao hacker é produzido na revolta e pela revolta.

O hacker me ensinou sobre o ódio que sentem de mim e sobre como transformar a sensação de exclusão em um motor contra a Máquina Classificatória de Humanidades. Ele mostrou que A Máquina Classificatória de Humanidades, em seu processo maquinofágico, colonizador, alimentou-se das peças formadoras de outras Máquinas Existenciais, digerindo-as e deixando-as em formato de bosta pelo caminho do tempo. Esse processo fez com que tudo o que poderia ser similar às Ciências, Artes e Filosofias em outras Máquinas Existenciais fosse capturado, ressignificado, absorvido, fez com que tivessem suas frequências transformadas, abafadas, tornando-se quase imperceptíveis.

Todas as peças foram transformadas em bosta pela Máquina Classificatória de Humanidades. Da Maquinofagia colonizadora sobrou a Ciência que não é Ciência, a Arte que não é Arte, a Filosofia que não é filosofia, sobrou o humano que não é humano, sobrou a bosta, o que aparentemente, na visão Maquínica, não se presta a propósito algum.

As Ciências, Artes, Filosofias foram criadas pela Máquina Classificatória de Humanidades e, também, são suas criadoras. As três peças ditaram vibrações, criaram códigos e possibilitaram entendimentos para aprimorar o sistema classificatório da Máquina Classificatória de Humanidades. As peças criadoras, propagando sua vibração pelas Educações, inicialmente uma não-peça, consolidaram as formas possíveis de classificar habitantes como Humanos. Naquele momento, a Máquina Classificatória de Humanidades entrou em êxtase. Ela deve ter dito com alegria: "É isso!". Assim se deu o aprimoramento da Máquina. Os habitantes produziam peças: Ciências, Artes e Filosofias, e essas peças permitiam o início de um processo de classificação: o certo, o errado, o belo, o feio, o pesado, o leve, o importante, o desimportante, o lucro, o prejuízo. Códigos e códigos, códigos de códigos, vibrações possíveis e vibrações rechaçáveis, vibrações que seriam ampliadas e entrariam em ressonância, vibrações que deveriam ser abafadas, teriam sua frequência reduzida. As Educações são as vísceras da Máquina Classificatória de Humanidades. As Educações são o caminho pelo qual correm os códigos, as vibrações. São os caminhos pelos quais se desenvolvem sentimentos de pertencimento, comunidade, mas, também, de não pertencimento, afastamento, quereres e não-quereres. As Ciências, Artes, Filosofias produziam os Humanos e as Educações encarregavam-se do restante. As Educações se encarregaram de produzir a malha invisível que nos une. Porém, diante da vontade de domínio, diante de uma fome insaciável por classificar, diante de uma Maquinofagia colonizadora com desejos de universalização, ocorreu o grande ato, a transformação das Educações em peça. A Máquina Classificatória de Humanidades criou o seu coração, as Escolas.

As Escolas surgem como um espaço para que os sentados no trono da Máquina Classificatória de Humanidades possam ensinar aos seus habitantes descendentes o funcionamento da Máquina. Ensinar as peças que a fazem funcionar e aquelas peças que devem ser rechaçadas. Magnífica ideia! Agora as Educações ganharam um representante oficial na Máquina Classificatória de Humanidades.

As Escolas, como coração, estabelecem os fluxos possíveis realimentando as peças. Aprimoramento contínuo da Máquina. Quem poderia pensar em tamanha engenhosidade? Mesmo que ninguém escape das Educações, como meio, como vísceras da Máquina Classificatória de Humanidades, a criação das Escolas, como peça sistematizadora dos modos de vida – legítimos ou ilegítimos, válidos e não válidos, importantes e desimportantes, úteis e inúteis –, instaura um regime dos modos de vida. Se "respirar é julgar", as Escolas, como peça criada a partir dos fluxos potencializadores da Máquina Classificatória de Humanidades, tornam-se o local do julgar corretamente, do pesar, do compreender as proporções. Escolas nos ensinam a respirar, ensinam como pensar e como agir.

Os Humanos mais distantes do trono maquínico aprendem que devem fazer de tudo para que lá alguns se mantenham. O hacker ensina que a razão nada mais é do que a capacidade de estabelecer uma relação entre valores e que a Máquina Classificatória de Humanidades criou o Humano a partir de um processo de segregação entre habitantes e, em um momento posterior, o Humano foi reforçado a partir da segregação entre diferentes habitantes. O Humano distinguiu-se pela capacidade de utilizar a Razão e gritou para o Universo: "Somos magníficos porque somos racionais". A racionalidade apenas é um produto de julgamentos, julgamentos de julgamentos, avaliações, valorações, pesagens. Esses julgamentos são precedidos por infinitas interconexões e julgamentos, valorações e pesagens que aprendemos ressonando com as vibrações das peças, peças-derivadas, agrupamentos e mega agrupamentos da Máquina Classificatória de Humanidades. O Hacker diz "Não somos mais especiais do que outros habitantes, apenas inventamos essa fábula para nos sentirmos superiores e justificarmos o nosso domínio sobre outros habitantes. Quando a peça Filosofia produziu as peças--derivadas das religiões, os Deuses foram inventados

– inventados e posteriormente mortos. Surgiram, então, novos Deuses que, posteriormente, também serão mortos. Inventamos que há um Deus e que somos sua imagem e semelhança. Inventamos que esse Deus é perfeito e que somos falhos e imperfeitos, nessa hierarquia inventamos que uns são mais imperfeitos do que outros e que uns devem se curvar a outros".

Quando eu observava o hacker convocando parceiros, ele dizia: "Somos presos a vibrações preexistentes que ressoam desde muito antes de nosso surgimento em Terra. Desejo utilizar todos os códigos que aprendi para inocular vírus na Máquina Classificatória de Humanidades. Desejo ter tempo para apreciar a sua metamorfose... Esse desejo é o que me move e, se for isso que eu tiver que fazer, desde todo sempre, como a consequência de todas as interconexões possíveis e existentes, recebo essa tarefa com alegria. A Máquina Classificatória de Humanidades colocou em seu centro aqueles com a capacidade de classificar e criou as Escolas para capacitá-los. Não se espantem quando descobrirem os conhecimentos racistas produzidos pelas Ciências que foram criadas por pessoas racistas e em um mundo racista. Não se espantem quando perceberem que as artes reproduzem, quase que cegamente, em seus domínios estéticos, o racismo, porque as artes são produzidas, também, por pessoas racistas, em um mundo racista. Não se espantem quando perceberem que considerados 'grandes gênios' expressam em suas filosofias, em suas requintadas conceitualizações, as marcas da Máquina Classificatória de Humanidades. Não somos racionais? Não somos os habitantes superiores porque dominamos a Razão? Por que, então, em nome da poderosa Razão, não impedimos colonizações, genocídios? Por que, pela Razão, não impedimos a escravização de pertencentes a outras Máquinas Existenciais? Eles dizem: É porque falta aprendermos isso nas Escolas! Que balela! A Escola é o coração da Máquina Classificatória de Humanidades, ela é um fragmento das vísceras que se tonou peça.

O que pode a Escola? O que pode um corpo (docente)? Não me levem a mal, mas meu ofício não me deixa crer. Não aprendi a interconectividade e a interdependência entre as peças da Máquina Classificatória de Humanidades para acreditar que a Escola tudo pode. Não, não pode! A ação hacker precisa ser coordenada. Precisamos de peças simultaneamente hackeadas. Ciências, Artes, Filosofias. Hackear Educações, hackear as escolas, mas, sem uma ação coordenada de inoculação viral em todas as outras peças, não avançamos! Hackear cada uma das peças é a meta.

Agora que eu entendi o funcionamento da Máquina Classificatória de humanidades, entendi que carrego informações muito perigosas. Eu carrego os princípios da ação-hacker, carrego o funcionamento dos códigos desarranjadores. Sem transcendências. Sem um Deus para me guiar. Sem a cegueira das razões desapaixonadas. Apenas códigos. O que temer?"

Percebi que a Máquina Classificatória de Humanidades se alimenta de outras Máquinas Existenciais e, em um complexo processo de Maquinofagia colonizadora, a Máquina Classificatória de Humanidades processa, ressignifica tudo o que poderia ser associado como Humano. São separadas as Ciências que podem ser consideradas como Ciências daquelas que não servem aos propósitos da Máquina Classificatória de Humanidades; são separadas as Artes que podem ser consideradas como Artes, daquelas que não servem ao propósito da Máquina Classificatória de Humanidades; são separadas as Filosofias que podem ser consideradas como Filosofias, daquelas que não servem ao propósito da Máquina Classificatória de Humanidades. Separam-se, então, as Ciências, as Artes, as Filosofias, daquilo que é potencialmente bosta, daquilo que não se encaixa na Máquina Classificatória de Humanidades. A Máquina come, digere e excreta. Expele, em forma de bosta, tudo que é inútil e, para ela, desinteressante. O hacker toma a revolta como um valor em si.

A ação-hacker pressupõe um profundo domínio dos códigos que compõem o sistema da Máquina Classificatória de Humanidades. Não confundam com um grande acúmulo de informações, por mais que elas sejam úteis em algum ponto, o domínio dos códigos requer o funcionamento detalhado das peças, de suas derivações e composições agregadas, de sua heterogeneidade, de seus pontos de harmonia com a Máquina Classificatória de Humanidades, mas, também, seus pontos de dissonância. Domínio dos códigos, porém, sem se render a eles. Os programadores são profundos conhecedores dos códigos, entretanto, nem todos os programadores são hackers. A ação-hacker, por outro lado, sem domínio dos códigos, é um modo de vida zumbi. Também não podemos cair em termos de bem e mal. A ação hacker não fala sobre isso, não é a criação de uma nova moralidade, por mais que isso possa ocorrer como consequência, ou por mais que esteja no imaginário do hacker um bem a se alcançar a partir do enfrentamento ao sistema da Máquina Classificatória de Humanidades. O hacker constrói novos valores em detrimento daqueles impostos pela Máquina Classificatória de Humanidades, entretanto, isso não é garantia de que os efeitos da ação-hacker irão nos levar a algum tipo de paraíso em Terra, ou a uma espécie de vida melhor. O hacker pode até acreditar que a sua ação poderá trazer bons desdobramentos, porém, não há garantias. A ação-hacker é um jogar-se ao caos, jogar-se às incertezas do insurgente. O hacker é revoltado e detentor de um grande conhecimento sobre os códigos que constroem a Máquina Classificatória de Humanidades. Um revoltado que resolve utilizar seu domínio, sua expertise, sua capacidade, para insurgir contra a Máquina.

O hacker caminhou tanto sob o chicote do senhor, que aprendeu atomicamente a sua composição. A ação-hacker está no campo da revolta, ou seja, no movimento que leva da experiência individual à ideia, e ela, como oriunda de um revoltado, existe no âmago da Máquina Classificatória de Humanidades. Ela reclama seus direitos, seja em forma de um não (e um sim) a uma experiência individual, seja em forma de um não (e um sim) a uma experiência de outrem. Ela é solitária e solidária. Camus nos diz que a revolta – mesmo advindo daquilo que vocês, humanos, teriam de estritamente individual – permitiria questionar a própria noção de individuo, uma vez que o revoltado aceita morrer e morre, diante da devida ocasião, mostrando que se sacrificaria em prol de um bem que julga transcender ao seu destino. Tal situação, para Camus, mostraria que há um valor, ainda confuso, que o revoltado sente ser comum a si próprio e a todos. O Hacker me ajudou a questionar se seria, então, a Máquina Classificatória de Humanidades uma máquina produtora daquilo que é tomado como sagrado. Ela, no meu voador entendimento, tornou-se o próprio sagrado, segregando e produzindo mortes. A Máquina Classificatória de Humanidades, para o hacker, é a assassina perfeita, assassina e juíza. "Ó maravilhosos Humanos! Somos o suprassumo da vida na Terra e ninguém se oporá ao nosso legado!" – diz a Máquina Classificatória de Humanidades.

O hacker age como o besouro Rola-bosta da Máquina Classificatória de Humanidades. Ele propõe uma arqueologia fecal, uma busca por Artes, Ciências, Filosofias excretadas pela Máquina Classificatória de Humanidades. Ele procura, na bosta, compreender outras Máquinas Existenciais, Máquinas destroçadas pela fome insaciável da Máquina Classificatória de Humanidades. Ele procura incessantemente aquilo que nutrirá as inoculações virais. A arqueologia fecal não é simplesmente encontrar algo que virou bosta, mas encontrar aquilo que virou bosta porque ameaçaria a Máquina Classificatória de Humanidades. A arqueologia fecal possibilita a obtenção de nutrientes necessários à ação-hacker, ou seja, encontrar os valores, medidas que transfiguram a Máquina Classificatória de Humanidades. O hacker, então, deseja agir nos códigos e gerar um incômodo, inicialmente um leve desconforto, uma febre que tentará ser controlada por um analgésico, mas de forma insuficiente, uma febre que se propagará exponencialmente.

O hacker deseja agir nas Ciências, nas Artes, nas Filosofias, introduzindo novos códigos, diapasões que modificam vibrações. O hacker deseja agir nas Escolas inoculando o vírus presente na bosta da Máquina Classificatória de Humanidades. O hacker deseja captar novos hackers. Novos hackers, conhecedores da ação-hacker e transformadores da Máquina Classificatória de Humanidades.

O hacker deseja executar o seu plano – arqueologia fecal, inoculação de matéria viral, captação de novos hackers, arqueologias, inoculações, novos hackers. **Reação em cadeia.** Essa é ação-hacker.

# O Zumbi[4]

O zumbi é terceiro frequentador da praça 7 de março e força habitante da Máquina Classificatória de Humanidades. A sua imagem é tão simples de imaginar quanto a do equilibrista devido às produções literárias, cinematográficas e televisivas, uma vez que – até que se prove o contrário – os zumbis não existem para além de nossas imaginações e do personagem que apresentarei a seguir. A Eletroeletro, uma loja de televisões que ficava na lateral da praça, exibia constantemente filmes de Zumbi – o que me fez ficar versado nesse tema.

De forma diferente do hacker que busca o não rosto porque a sua identificação implicaria sérios

---

4 O zumbi autorizou a publicação de seu nome, entretanto, optei por não o fazer. Um zumbi em atuação solo não é tão perigoso, mas as hordas podem provocar destruições incomensuráveis. Não custa tomar cuidado, porque sempre há zumbis que buscam outros zumbis para formar hordas.

problemas, o zumbi desconfigura o seu rosto à medida que se mantém por muito tempo sob a forma zumbizada. Ele não tem rosto porque o tempo proporcionou uma desfiguração, suas memórias, se é que existem, tornam-se cada vez mais rasas com o passar do tempo. O zumbi apresenta uma fome insaciável. Eles se alimentam de outras vidas e, com isso, os outros habitantes feridos também se tornam zumbis. Tornam-se porque morrem ou porque se contaminam. Os zumbis são, essencialmente, geradores de outros zumbis... Cabummm! Efeito exponencial de propagação da forma-zumbi.

Os zumbis sentem fome e seguem ininterrupta-mente caminhos para saciar sua fome – mesmo com barreiras, os zumbis seguem. Não há tristeza, não há felicidade, há um caminhante que perdeu com-pletamente a capacidade de respirar e, consequen-temente, de julgar. O único valor, para o zumbi é o da obediência. Ele obedece a fome por carne fresca.

Em "Night of the Living Dead", filme muito exibido na Eletroeletro, percebemos que os zumbis, apesar de seu cérebro comprometido, mantêm a capacidade de manipulação de ferramentas (me questiono se isso poderia ser um resquício de suas vidas). Em uma cena de perseguição, na qual Barbara se tranca em seu carro para proteger-se do zumbi do cemitério tinha a seguinte ação: o zumbi parava e, após uma análise, recuava e pegava uma pedra para quebrar o vidro. Eu, como Pombo voador e sujo que sou, estive na *Ilha das Flores* em 1989 durante a gravação do curta. Lá Jorge Furtado dizia que, entre muitas coisas, "Seres Humanos" se distinguem por possuírem telencéfalo altamente desenvolvido e polegar opositor: "telencéfalo altamente desenvolvido permite aos seres humanos armazenar informações, relacioná-las, processá-las e entendê-las. O polegar opositor permite aos seres humanos o movimento de pinça nos dedos, o que, por sua vez, permite a manipulação de precisão". Tomando a classificação estabelecida por Furtado (eu o considero um aliado) que utiliza uma interessante ironia provocada pelo conflito entre imagem e texto –com certeza deixando a Máquina Classificatória de Humanidades bastante irritada –, poderíamos, sem medo, afirmar que o ato de hesitar e pegar uma pedra nos mostra que o zumbi mantém muito das características daquilo que seria um habitante, classificado como "humano" por sua composição biológica e capacidade técnica. O zumbi, mesmo como um "morto-vivo", manteve seu telencéfalo altamente desenvolvido e seu polegar opositor, entretanto, obedeceu de maneira insaciável à sua fome. Tão faminto ele estava que reaparece quase no final do filme fazendo com que a gente pense: "esse zumbi não desiste mesmo!". Já quando pensamos em *The Walking Dead*, outra produção bastante exibida na loja Eletroeletro, há outro fator interessante. Apesar de não revelarem o que gerou o apocalipse zumbi, a série conta que todos os habitantes da Máquina Classificatória de Humanidades vivos estão contaminados. Apesar de negligenciarem o que teria acontecido com os Pombos, tal série se faz muito interessante porque considera que **todos os habitantes da "Humanidade" são potência zumbi** – posição com a qual tenho uma impressionante concordância. Todos os Humanos, caso sejam mordidos ou morram por alguma doença ou acidente, irão se tornar zumbis. Todos em algum momento se zumbificam e seguem, vertiginosamente, atrás de outros habitantes vivos.

Esse é o funcionamento do zumbi, obediência à fome, alimentar-se de vidas e convocar mais e mais habitantes para compor hordas. Sim, o zumbi em atividade solo gera um certo incômodo, porém, quando se juntam com muitos outros zumbis para perseguir aquilo que lhes interessa – em geral, habitantes que ainda não se zumbificaram –, eles ficam muito mais fortes, conseguindo destruir diversos tipos de barreiras. Os zumbis possuem uma força irrefreável de perseguição àquilo que desejam. Força irracional, ou seja, obediência desmedida. Ele é obediente à fome. Tomemos a obediência como o valor associado ao zumbi.

Os zumbis são figuras ambíguas. Eles nascem e habitam a Máquina Classificatória de Humanidades tornando-se "Humanos" sempre que se mostram úteis aos interesses daqueles sentados nos tronos maquínicos, porém, quando a força gerada pelas hordas obedientes é mobilizada para revoluções, há uma completa destituição dos zumbis. Ou seja: morto ou vivo, dependerá do trono.

O zumbi adere facilmente aos valores preconcebidos e, em poucas palavras, ele exclama: "é isso!", em seguida ele persegue o "isso" com uma força arrebatadora. O zumbi persegue a ideia, o paraíso, o porvir. Ele é o sujeito do adiamento, mas, também, o sujeito da nostalgia. Ao zumbi sempre há algo que falta, seja um futuro ou um passado. E ele segue, andando, obediente, irrefreável, buscando.

Apesar de a força das hordas de zumbi não ser uma grande novidade, é possível que algumas estratégias sejam criadas para a manipulação dessas hordas – iscas que guiam para um determinado caminho e proporcionam a modificação de direção. O zumbi é ação desmedida e orientada apenas pelo cheiro da carne fresca. O zumbi foi alienado da produção de valores e se resume à obediência – independentemente do motivo. O zumbi possui fome e engaja seu caminhar na busca por tudo aquilo que possui vida. Algumas pessoas pensam que zumbis comem cérebros, mas a caixa craniana é uma estrutura muito dura para ser rompida por um zumbi – já afastado de suas possibilidades motoras ou de pensamento.

O zumbi busca as vísceras – nutritivas, vitais e, principalmente, de fácil acesso. As vísceras da Máquina Classificatória de Humanidades são as Educações e, não por acaso, os zumbis as buscam para se alimentar e para transformar mais habitantes em zumbis. Zumbis obedientes à Máquina Classificatória de Humanidades, zumbis obedientes à luta antiMáquina Classificatória de Humanidades. Zumbis formando zumbis. As Educações, para os zumbis são as Educações da obediência.

Qualquer forma de desobediência será punida. Exclusão, cancelamento, seria até bom se os Zumbis conseguissem se afastar da dor de serem excluídos pela horda, mas, a identidade é um cordão umbilical difícil de ser cortado – às vezes, nem com aparatos a laser ou serras elétricas. Aqueles sentados no trono maquínico compreendem o poder das Educações e, por isso, fizeram da Escola uma peça.

Como Pombo sujo e cagão, é fácil perceber que a Escola se fez como um coágulo. Um agregado de fluxos que se converteu em coração da Máquina Classificatória de Humanidades. Aqueles que conduzem as hordas sabem que há, nas Escolas, muita matéria vital. A Máquina Classificatória de Humanidades, criadora da Escola, impõe! Aprendam a obedecer! Só assim vocês farão parte. A Máquina Classificatória de Humanidades construiu um sistema de obediência nas Escolas. A Escola, como o espaço do julgamento, o espaço no qual os habitantes aprendem a julgar e, consequentemente, são avaliados pela Máquina Classificatória de Humanidades em um teste de pertencimento ou desprezo, torna-se espaço de disputa.

Hordas disputando quais serão os bons julgamentos, projetos de leis, Escolas "Sem Partido". Todas a serviço da Máquina Classificatória de Humanidades. Todas disputando uma obediência ao melhor sistema de classificação. Realmente, o pertencimento à Máquina é um daqueles desejos poderosos. As Educações são zumbizadas por ciberhordas que produzem estratégias de zumbificação digital. Mentiras facilmente aceitas para justificar o desejo de ser zumbi, afinal, o "ser" zumbi já é algum "ser".

Os humanos são fracos porque buscam os "seres", mesmo que os "seres" sejam aqueles que os mobilizam a se levantam das sepulturas com um grande cheiro de carne podre. Vejo alguns Humanos dizerem "Se pertencer é o que afasta as dores do mundo, sejamos pertencentes, independentemente de onde, devemos pertencer!" Quando o pertencer pressupõe a obediência, não há angústia geradora, mas um sentimento de estar no "lugar certo".

Na praça 7 de março percebo que o zumbi não está apenas nos grandes movimentos, nas aspirações políticas reacionárias ou revolucionárias. O zumbi também está assistindo aos jornais para saber o que o aguarda. Pela manhã, o zumbi se levanta, toma um café, anda até o ponto de ônibus, senta-se na mesa e se debruça sobre a planilha de Excel com a qual se relaciona até as 17h – quando não há hora extra não remunerada. O zumbi vai à academia porque aprendeu que os exercícios físicos o tornam mais produtivo, depois ele chega em casa, toma um banho, liga a televisão, assiste ao jornal, assiste à novela e sonha. O zumbi aprendeu que se ele trabalhar muito ele irá conseguir... Conseguir o quê? Ser alguém na vida, oras! O zumbi dorme e acorda no dia seguinte e repete o mesmo processo. O zumbi vivo está morto e anseia continuar assim – há outra vida possível?

O zumbi prepara sua lancha e seu jet-ski. Sua seleta horda organiza a viagem internacional com o lucro do ano. O único mérito do zumbi é a obediência aos sentados no trono maquínico. Os que lá se sentam gritam: Meritocracia! E as hordas de zumbis se agitam gritando "É isso! É isso! Encontrei a solução – tudo seria melhor se aqueles que possuem mérito fossem premiados". "Ó senhores, vos seguirei!" Os zumbis agem como um escudo protetor dos tronos maquínicos – eles são presos pelo pescoço e habitam formando cinturões zumbis. Experimente se aproximar! Você será mordido e gritará! Eu consegui! Mérito! Mérito! Mérito! Precisamos de um sistema baseado no mérito porque foi a obediência à Máquina que me fez belo, humano e detentor de tudo aquilo que a Máquina pode me oferecer.

O zumbi abre a rede social, vê infinitas fotos de pessoas felizes – se são felizes é porque merecem; não sou, preciso trabalhar para ser; se não possuo trabalho é porque não fui obediente o suficiente à Máquina Classificatória de Humanidades e ao que os regentes mandam. O zumbi abre a rede social e olha cada like recebido. Ele posta, confere os likes e estabelecer uma cadeia de significados que indicam os dizeres e a forma necessária para conseguir mais likes. Ele prossegue, com fome, em busca de likes. A obediência gera dependência e a fome gera, cada vez mais, fome. O zumbi compra seguidores e persegue o sonho de felicidade, o sonho de pertencer à ciberhorda. O Zumbi só está vivo quando está morto.

O zumbi acredita profundamente que só há conhecimento na academia. O zumbi persegue a graduação, o mestrado, o doutorado. O zumbi passa a ser refém das citações, dos índices, do olhar da comunidade. O zumbi passa a calcular aquilo que poderá gerar citações e aumento nos índices de influência, e começa a guiar a produção de conhecimento para tal fim. O zumbi possui sede de publicação, o zumbi encontra meia dúzia de referências e segue com eles até o resto da vida. O zumbi se afasta dos afetos porque só pensa em relações produtivas, ele vira um chancelador do conhecimento do mundo. Ele diz o que é e o que não é conhecimento, mas ele não percebe que está numa horda e que ele legitima aquilo que faz a horda crescer. O zumbi obedece à ABNT.

O zumbi agradece ao pôr do Sol, tatua *carpe diem* e vive como se não houvesse amanhã em um individualismo barato e absoluto. Tudo posso, tudo consigo se eu vibrar positivamente. O zumbi olha para si com uma força tão grande que não vê nada além disso. Foco, força e fé; Seja foda; Ligue o foda-se; Lei da Atração. O zumbi se sente em casa nas livrarias de aeroporto. Ele recebe as palavras de ordem com todo o seu poder de obediência. Ele ouve "Mude seu Mindset" e obedece. O zumbi recebe os livros de auto-ajuda como ferramentas de obediência, guias para a vida, como Deus.

O zumbi toma aquilo que é pré-fabricado como sagrado e segue.

# Angústia maquínica

*"Angústia pode ser não ter esperança na esperança. Ou conformar-se sem se resignar. Ou não se confessar nem a si próprio. Ou não ser o que realmente se é, e nunca se é. Angústia pode ser o desamparo de estar vivo. Pode ser também não ter coragem de ter angústia – e a fuga é outra angústia. Mas a angústia faz parte: o que é vivo, por ser vivo, se contrai. Esse mesmo rapaz perguntou-me: você não acha que há um vazio sinistro em tudo? Há sim. Enquanto se espera que o coração entenda".* Clarice Lispector – *Todas as crônicas.* Achado num pedaço de jornal velho "Jornal do Brasil" em 25/11/1972

# Angústia maquínica

Quando comecei a perceber tudo aquilo que o Equilibrista, o Hacker e o Zumbi me apresentaram comecei a ser tomado por uma espécie de angústia. Estranho falar assim, afinal, os problemas dos Humanos deveriam ser problemas deles (seríamos nós, pombos, menos egoístas? Seria, a nossa máquina, não-excludente?). Essa sensação de angústia veio quando comecei a perceber a ação da Máquina Classificatória de Humanidades. Ela se disfarça tão bem de existência que é difícil diferenciá--la e, mais difícil ainda, fazer com que os Humanos se percebam como integrantes de uma gigantesca e complexa Máquina que atua engendrando existências. Penso que seja importante passar algum tempo insti-gando em vocês esse tipo de angústia, afinal, acredito que **todos aqueles nascidos no interior da Máquina Classificatória de Humanidades terão uma profunda dificuldade em criar tal angústia com a vida maquinal de pertencimentos e classificações, entretanto, quando tal sensação ocorrer, tenho certeza que será abissal.** Tendo em vista tamanha tarefa, trago para alguns de vocês que nasceram, como "Humanos", no interior da Máquina Classificatória de Humanidades, o conhecimento daqueles aos quais a Humanidade foi negada e a existência invisibilizada por habitantes da Máquina Classificatória de Humanidades. Se algum habitante de outra Máquina Existencial está lendo, irmãos pombos ou outras espécies, peço perdão pela obviedade ao narrar tais situações – há, de fato, uma grande dificuldade para nos angustiarmos com aquilo que se faz como natural e se disfarça de existência. Convoco para explicar para vocês, alguns aliados não-pombos.

De um lado a Máquina Classificatória de Humanidades criou um sistema de manutenção de sua existência que garante aos que a ela pertencem uma série de direitos. Apesar de alguns direitos serem chamados "universais", a sua estratégia de constituição revela um sistema que se estruturou para a manutenção de um sistema a serviço dos interesses daqueles sentados nos tronos maquínicos. Alexandre Polizel, em um celular que ouvi tocando na praça, convidava as figuras do burguês, do colonizador e do racionalista para o entendimento de tais tronos. O burguês, amparado no sistema capitalista, gerencia os recursos e aponta formas de ser, de pensar e de constituir valores que reforçam o capitalismo que se consolida em um dos tronos maquínicos; o colonizador, gerindo a existência, invadindo territórios, dominando outros habitantes, consolida o colonialismo como sistema que atinge toda constituição do colonizado; por fim, o racionalista, detentor da ordem do mundo e do jeito único e correto de pensar, de se posicionar no mundo, o modo do silenciamento dos afetos e da superioridade de um sistema de pensamento em detrimento de outro. Os três amigos, sentados nos tronos maquínicos, regem a classificação de Humanidades. Eles ditam quem são os Humanos e aquilo que é a Humanidade a partir de seus critérios – o Humano é aquele que se assemelha; o que gerencia os recursos de outrem; o que conquistou outros habitantes; o que se estrutura a partir de sistemas de pensamento semelhantes. Ditando quais habitantes são os Humanos, quais compõem a Humanidade, dita-se, também, quais habitantes possuem direitos e quais não os possuem. Todos os que se encaixam no entendimento de Humano e Humanidade podem, no mínimo, contar com a Máquina Classificatória de Humanidades. Se a Humanidade é um diploma, o diploma confere ao portador uma espécie de credencial, um sistema de proteção contra abusos, ou algo do tipo, daqueles que estão mais próximos das bordas maquínicas. Sendo assim, o problema que antecede a formulação de qualquer tentativa de criação de "Direitos" é o significado de Humano e Humanidade, assim, vejamos o que dizem os aliados Ailton Krenak, Linda Smith e Stuart Hall.

Ailton Krenak assertivamente disse em *Ideias para adiar o fim do mundo* que "A ideia de que os brancos europeus podiam sair colonizando o resto do mundo estava sustentada na premissa de que havia uma humanidade esclarecida que precisava ir ao encontro da humanidade obscurecida, trazendo-a para essa luz incrível. Esse chamado para o seio da civilização sempre foi justificado pela noção de que existe um jeito de estar aqui na Terra, uma certa verdade, ou uma concepção de verdade, que guiou muitas das escolhas feitas em diferentes períodos da história". Ele também os alertou em *A vida não é útil* sobre as diversas existências negadas: "caçamos baleia, tiramos barbatana de tubarão, matamos leão e o penduramos na parede para mostrar que somos mais bravos que ele. Além da matança de todos os outros humanos que a gente achou que não tinham nada, que estavam aí só para nos suprir com roupa, comida, abrigo. Somos a praga do planeta, uma espécie de ameba gigante. Ao longo da história, os humanos, aliás, esse clube exclusivo da humanidade — que está na declaração universal dos direitos humanos e nos protocolos das instituições —, foram devastando tudo ao seu redor. É como se tivessem elegido uma casta, a humanidade, e todos que estão fora dela são a sub-humanidade".

Se tais dizeres não forem responsáveis pelo início de um sentimento de angústia maquínica, poderemos avançar para suas peças. As Ciências, por meio de suas pesquisas, muitas vezes invadiram território de povos indígenas, roubaram seus saberes e os submeteram aos tronos maquínicos. A pesquisa é denunciada por Linda Smith em *Descolonizando metodologias*, que nos diz: "A palavra 'pesquisa', em si, é provavelmente uma das mais sujas do mundo vocabular indígena. Quando mencionada em diversos contextos, provoca silêncio, evoca memórias ruins, desperta um sorriso de conhecimento e de desconfiança. Ela é tão poderosa que os povos indígenas até escrevem poemas a seu respeito. A forma como a pesquisa científica esteve implicada nos piores excessos do colonialismo mantém-se como uma história lembrada por muitos povos colonizados em todo o mundo". Os livros de Bárbara Carine mostram o quanto pessoas pretas são suprimidas de qualquer status de humanidade, uma vez que o humano se faz como o homem branco. Em contrapropostas afrocentradas a intelectual diferentona denuncia tais mazelas e anuncia pessoas, saberes, silenciados, apagados. Ela diz em *História preta das coisas* "ressignificar vidas e intelectualidades pretas é importante para pessoas negras reconstruírem suas subjetividades positivamente, mas também para que pessoas brancas possam reconstruir as suas, pois não é nada saudável viver achando que o mundo é seu".

Para destacar a peça Arte, Stuart Hall em *Cultura e Representação* destrincha, enuncia e denuncia a forma como as representações estereotipadas foram levadas aos habitantes da Máquina Classificatória de Humanidades para a legitimar processos de maquinofagia colonizadora, bem como a validação de um humano e de uma humanidade em detrimento de outras formas de existência. Ele destacava o racismo em três momentos: 1) início do contato entre Europa e reinos da África Ocidental – fornecendo pessoas negras para serem escravizadas (durante três séculos); 2) colonização do continente africano e sua partilha entre os países europeus que buscavam controlar território, mercados, matérias primas etc.; 3) migrações pós-Segunda Guerra Mundial. Em todos esses momentos, a peça Arte foi fundamental para provocar o espetáculo do "outro" e, consequentemente, estabelecer cisões entre aqueles que pertencem ao clube da Humanidade e aqueles que não pertenceriam – no caso, os negros. Quadros como o "O jantar" de Jean-Baptiste Debret, que mostram uma família brasileira sendo servida por escravos; filmes como "O Nascimento de uma nação" de 1915 ou propagandas como Krespinha de 1952 e Alvejante Chlorinol de 1890, entre muitas outras, contribuíram para um entendimento de pessoas negras como não pertencentes aos domínios da Máquina Classificatória de Humanidades.

A Filosofia, como terceira peça, não deixa por menos. O texto de Emmanuel Kant *Observações sobre o sentimento do belo e do sublime* diz que "os negros da África não possuem, por natureza, nenhum sentimento que se eleve acima do ridículo. O senhor Hume desafia qualquer um a citar um único exemplo em que um Negro tenha mostrado talentos, e afirma: dentre os milhões de pretos que foram deportados de seus países, não obstante muitos deles terem sido postos em liberdade, não se encontrou um único sequer que apresentasse algo grandioso na arte ou na ciência, ou em qualquer outra aptidão". A intelectualidade de Kant e de Hume não foram suficientes para que tais habitantes conseguissem se deslocar dos efeitos provocados pela Máquina Classificatória de Humanidades. Já em outro aspecto, no que diz respeito à cisão entre habitantes que pertencem à Máquina Classificatória de Humanidades e outras Máquinas existenciais, Nise da Silveira comenta em *Cartas a Spinoza*: "Foi uma dolorosa surpresa descobrir em você desinteresse pelos modos que diferissem do modo humano, modos aqueles bem mais integrados às leis divinas da natureza do que o modo humano, muito inclinado a descarrilhar dessas leis. De fato, só o homem merece sua atenção concentrada. Você o conhece melhor que ninguém, sem quaisquer ilusões. [...] Na solitária grande montanha de cristal que é a sua filosofia, segundo Farias Brito, pensei vislumbrar a unidade de todas as coisas. E de repente, percebo, desolada, fissuras negras na brancura do cristal. Não se zangue comigo, Nise" (p. 59-60). Desolada, Nise percebe a ação implacável da Máquina Classificatória de Humanidades.

As Ciências, as Artes, as Filosofias são tentadoras. Elas fazem vocês cada vez mais e mais pertencentes à Máquina Classificatória de Humanidades e por diversas vezes fazem vocês se esquecerem de que o processo maquinofágico domina tudo como uma areia movediça – quanto mais caminham, mais se afundam. E vocês não possuem asas. Quanto mais afundarem, mais o "ser" estará entranhado. **A diferença entre a areia e a Máquina Classificatória de Humanidades é vocês conseguem sentir a areia roçando sobre a superfície suada de sua pele. A Máquina Classificatória de Humanidades toma de assalto. Inconscientemente e incessantemente vocês buscam pertencer e aprimorar a Máquina, mas quando e dão conta de todo o processo ficam estarrecidos – ou ao menos deveriam ficar. Se me perguntam quais soluções são possíveis eu digo que sou apenas um pombo e saio voando.** Como abandonar as categorias construídas pela Máquina se essas categorias fizeram morada em diversas existências? Não tenho ideia. No curso da Terra, a extinção da matéria orgânica que vocês classificam como viva ocorrerá sem que precisemos de muito trabalho. Basta algumas modificações físico-químicas no local onde habitamos – e olha que vocês tentam. Mas algo me diz que a se há alguma solução, ela deve ser anterior a isso. Mesmo diante da certeza de todos nós sermos compostos por uma matéria que se desfigurará brevemente, o desafio que vocês possuem é o hoje.

**Se você está sentindo uma maldita angústia maquínica e uma profunda sensação de não saber o que fazer, o meu primeiro objetivo foi alcançado – e não precisa agradecer! Fiz porque alguns de vocês me alimentaram carinhosamente no último ano.** Se vocês quiserem mais soluções imediatas eu alerto que precisam tomar cuidado, afinal, as filosofias, ciências e artes de todos os habitantes são levadas com a beleza do equilibrista. Elas se aproximam como um devir, mas rapidamente se convertem em "dever-ser" – mesmo que digam o contrário e falem "eu não". A angústia maquínica pega de imediato e alguns atestam que "devemos" nos esquivar de estruturas construídas como "Direitos Humanos" e inventam outras estruturas possíveis para acalantar a dor do pertencer à Máquina Classificatória de Humanidades. Toda estrutura de Estado de direitos só existe dentro de uma estrutura maquínica com tronos ocupados e que conseguem ditar quem é, ou não, merecedor. O poder grita as filosofias do pertencimento maquínico. Há os que ficam de fora. O que fazer, então? Por um lado, um imenso desejo de destruir a Máquina Classificatória de Humanidades – talvez isso me agrade, como Pombo, usado e xingado por vocês, mas não sou tão tolo quanto vocês pensam. A máquina pode ser destruída? Sempre surgem milhares de Humanos salvadores com suas brilhantes ideias para ocupar os tronos maquínicos – todos apresentam brilhantes sistemas de classificação, organização, tudo para que vocês alcancem uma Terra (enquanto as condições físico-químicas não se alterem e continuemos nessa empreitada a qual chamamos de vida-morte) mais "justa"; mais "igualitária"; "com equidade"; ou qualquer outra palavra que se coloque no lugar e que continue a empreitada de adiar soluções. Há também os que desejam profundamente deixar os tronos desocupados e outros que acreditam que se existisse apenas um trono a vida seria mais fácil de ser vivida. Enquanto houver a Máquina Classificatória de Humanidades, haverá a cisão como forma de projetar a vida. Até para deixar o trono desocupado é preciso que exista Máquina, e trono. Por outro lado, há uma cadeia de negociações e a melhoria das estruturas internas à Máquina Classificatória de Humanidades. As peças, peças derivadas, agrupamentos e mega agrupamentos entram em ebulição, conduzindo novos arranjos, novas vibrações. As Educações se animam em falsos desejos inovadores. Melhorar a Máquina para que ela continue classificando Humanidades, mas com uma maior habilidade!

A angústia maquínica convoca uma solução, porém, tal solução não existe para além da criação de novas formas de "dever-ser" – nem mesmo o dever-ser devir escapa.

As Educações balizadas pelo equilibrista gritam os Direitos Humanos. O equilibrista vai a outras existências e se percebe como filho da Máquina Classificatória de Humanidades. Ele deseja que mais existências a ela pertençam, e retorna com uma "boa nova". O surgimento dos Direitos Humanos foi dado por habitantes da Máquina Classificatória de Humanidades, equilibristas caídos e que se levantaram, bordearam-se e perceberam a existência de outros mundos. Sim, força conservadora de um Humano e de uma Humanidade em uma tentativa de fixar significados, a ida a outras existências que volta para o âmago da Máquina com um "dever-ser" – o dever-ser da igualdade; o dever-ser da liberdade; o dever-ser da tolerância. Outro equilibrista diz que "não é tolerância", é respeito.- Equilibristas disputam fluxos de significados do habitar a Máquina Classificatória de Humanidades.

Espíritos ousados que desafiam os ventos de imposição de alguns dos tronos maquínicos. O capitalismo se vê contrário aos Direitos Humanos até que percebe o seu lucro evidente; o colonialismo se vê contrário aos Direitos Humanos, mas, como seus súditos ainda não são considerados Humanos, ele finge não se importar; o racionalismo diz: eu concordo com tais direitos, mas devo ser a sua base! E assim vocês seguem, ajeitando as peças, modificando a Máquina. Equilibristas vão a outras existências e dizem: "Separaram o Homem da Natureza!". O dever-ser se organiza, e modificamos categorias maquínicas. "Direitos Humanos e da Natureza". Os equilibristas criam artifícios, propõem movimentos – decolonialidades, subalternidades, pluriversos e pluriversidades. Todas como alternativas viáveis. Melhoramento maquínico, aperfeiçoamento da Máquina Classificatória de Humanidades. O equilibrista diz: a culpa é do capitalismo! Outro diz: A culpa é do colonialismo! O terceiro equilibrista fala: a culpa é dos dois, juntos, e do patriarcado. Tronos são questionados e outros "deveres-ser" se constituem e seguem aprimorando as peças, peças derivadas, agrupamentos e mega agrupamentos. Enquanto os hackers planejam suas incursões virais, os equilibristas elaboram novos "deveres-ser". O equilibrista não acredita que exista outra solução para a angústia Maquínica que não seja o aprimoramento da Máquina Classificatória de Humanidades – um melhoramento constante das peças, peças derivadas, agrupamentos e mega agrupamentos.

A ida a outras Máquinas Existenciais e a volta com o estabelecimento do dever-ser pode ser exemplificada com o caso do Equador e a Filosofia do Bem Viver. Para Alberto Acosta, "O Bem Viver é, essencialmente, um processo proveniente da matriz comunitária de povos que vivem em harmonia com a Natureza. Os indígenas não são pré-modernos nem atrasados. Seus valores, experiências e práticas sintetizam uma civilização viva, que demonstrou capacidade para enfrentar a Modernidade colonial. Com suas propostas, imaginam um futuro distinto que já alimenta os debates globais. O Bem Viver faz um primeiro esforço para compilar os principais conceitos, algumas experiências e, sobretudo, determinadas práticas existentes nos Andes e na Amazônia, assim como em outros lugares do planeta". Com um olhar para conceitos ativos no âmago de povos que se expressam em Kíchwa, Ayamara, Guarani e que resistiram à maquinofagia colonizadora, Acosta propõe uma possibilidade de reconstrução da Máquina Classificatória de Humanidades. O movimento do qual Acosta participou possibilitou a implementação de uma nova constituição no Equador. Nesse documento, o Bem Viver se faz explícito em forma de "Direitos de Bem viver". Pensar novos direitos e aprimorar a Máquina Classificatória de Humanidades é o caminho do equilibrista para lidar com tal angústia. Eis o ensinamento equilibrista.

Enquanto equilibristas elaboram novos "deveres-ser", os hackers planejam suas incursões virais. O hacker nos instiga a manter o olhar para a Máquina Classificatória de Humanidades, compreender os códigos e inserir inoculações virais – o Hacker domina os códigos porque nasceu imerso neles, mas, diferentemente do programador, o hacker é movido pela revolta. O olhar do hacker para a angústia maquínica é um olhar de desfuncionamento maquínico, vírus que se multiplicam e alteram o funcionamento. Trarei como exemplo a ação poética de Manuel de Barros, poeta matogrossensse, nascido no núcleo da Máquina Classificatória de Humanidades. Logo me questiono: sofria, também, Manoel de Barros de uma angústia maquínica? (Re)encontro o poema "A máquina: a máquina segundo H. V., o jornalista", publicado em *Gramática expositiva do chão*:

A Máquina mói carne
excogita
atrai braços para a lavoura
não faz atrás de casa
usa artefatos de couro
cria pessoas à sua imagem e semelhança
e aceita encomendas de fora

A Máquina
funciona como fole de vai e vem
incrementa a produção do vômito espacial
e da farinha de mandioca
influi na Bolsa
faz encostamento de espáduas
e menstrua nos pardais

A Máquina
trabalha com secos e molhados
é ninfomaníaca

agarra seus homens
vai a chás de caridade
ajuda os mais fracos a passarem fome
e dá às crianças o direito inalienável ao
sofrimento na forma e de acordo com
a lei e as possibilidades de cada uma


A Máquina engravida pelo vento
fornece implementos agrícolas
condecora
é guiada por pessoas de honorabilidade consagrada,
que não defecam na roupa!


A Máquina
dorme de touca
dá tiros pelo espelho
e tira coelhos do chapéu


A Máquina tritura anêmonas
não é fonte de pássaros[1]
etc.
etc.

---

(1) *isto é: não dá banho em minhoca / atola na pedra / bota azeitona
na empada dos outros / atravessa períodos de calma / corta de machado
/ inocula o vírus do mal / adota uma posição / deixa o cordão umbilical
na província / tira leite de veado correndo / extrai vísceras do mar / aparece
como desaparece / vai de sardinha nas feiras / entra de gaiato / não mora
no assunto e no morro (...)*

Manoel de Barros já alertava de que aqueles sentados nos tronos da Máquina Classificatória de Humanidades estabelecem os critérios existenciais do Humano e da Humanidade a partir da utilidade ou não para seus interesses. A Máquina Classificatória de Humanidades, guiada por pessoas de honorabilidade consagrada e que não defecam na roupa, condecora e cria pessoas à sua imagem e semelhança. A Máquina estabelece as cisões e dita quem merece ou não os direitos. Não é de se espantar que os merecedores sejam o espelho daqueles que se puseram a conquistar os tronos maquínicos. Vocês podem encontrar em Manoel de Barros indícios de como habitar tal Máquina? Mesmo que desprovido de interesse, Manoel de Barros ensina, com sua inutilidade e seu despropósito, que uma Máquina que sirva para não funcionar poderá milagrar flores. Uma Máquina Classificatória de Humanidades que, quando cheia de areia de formiga e musgo, poderá milagrar as flores das multiplexistências em Terra. Em *Livro sobre o nada* de 1996 ele dizia:

Prefiro as máquinas que servem para não funcionar:
quando cheias de areia de formiga e musgo — elas

podem um dia milagrar de flores.

(Os objetos sem função têm muito apego pelo abandono.)

Também as latrinas desprezadas que servem para ter

grilos dentro — elas podem um dia milagrar violetas.

(Eu sou beato em violetas.)

Todas as coisas apropriadas ao abandono me religam

a Deus.

Senhor, eu tenho orgulho do imprestável!

(O abandono me protege.)

O que ensinam, então, as educações que não servem para nada? Será que elas ensinariam dar inutilidade à Máquina? Será que ela, despropositada e inutilizada, poderia, de fato, florescer as multiplexistências do mundo? Manoel de Barros tem, em sua poesia, o ensinamento hacker. Eu aprecio Manoel de Barros desde quando no poema "Sobre importâncias" ele mostrou perceber minha existência. Ele disse "Em Roma, o que mais me chamou atenção foi um prédio que ficava em frente das pombas. O prédio era de estilo bizantino do seculo IX. Colosso! Mas eu achei as pombas mais importantes do que o prédio".

Em relação à ação zumbi, trago um exemplo histórico narrado por Hannah Arendt em *Eichmann em Jerusalém: Um relato sobre a banalidade do mal*. Arendt destaca que Adolf Eichmann apelou em seu julgamento para a ideia do cumprimento de ordens e obediência a uma lei. Segundo a autora, "Eichmann, com seus dotes mentais bastante modestos, era certamente o último homem na sala de quem se podia esperar que viesse a desafiar essas ideias e agir por conta própria. Como, além de cumprir aquilo que ele concebia como deveres de um cidadão respeitador das leis, ele também agia sob ordens – sempre o cuidado de estar "coberto" –, ele acabou completamente confuso e terminou frisando alternativamente as virtudes e os vícios da obediência cega, ou da "obediência cadavérica" (Kadavergehorsam), como ele próprio a chamou". Assim, com o destaque para Eichmann, Arendt ajudou a pensar sobre a violência em situações como a vivida durante o regime nazista a partir de um conceito conhecido como "Banalidade do Mal". O Banal seria o mal provocado por pessoas superficiais o suficiente para não conseguirem perceber a violência dos seus atos. "Para falarmos em termos coloquiais, ele simplesmente nunca percebeu o que estava fazendo". Eichmann não era, na visão de Arendt, um monstro ou um arquiteto de planos diabólicos. Ele era o burocrata, o cumpridor de ordens, o superficial. Assim, a ação zumbi, como forma de habitar a Máquina Classificatória de Humanidades, dá-se na obediência e, para além do bem e do mal. Se vocês, Humanos, deixam de matar porque há uma lei divina que diz "não matarás", a obediência à tal lei é uma ação zumbi, mesmo que o seu efeito prático seja notavelmente positivo. Desse modo, o zumbi ensina que não haverá angústia se não pensarmos naquilo que nos angustia. A ação zumbi convoca a aceitar as forças que os atravessam, e a seguir. A fome e a sede pela obediência são tão fortes que rapidamente elas se confundem com a existência. Sou, pertenço, faço parte e, por isso, obedeço. É a lei! Pertencer cegamente à Máquina Classificatória de Humanidades significa obedecer, obedecer e obedecer. E há privilégios, quem disse que não?

# As vísceras

*"[...] Certa vez um cão, gordo e luzidio, encontrara um lobo, escalavrado e faminto. (É até curioso que o lobo não tenha comido o cachorro. Não sei que incoerência foi essa de La Fontaine!) E disse o cachorro: 'Compadre Lobo, por que você está com este aspecto tão esfomeado? Eu tenho, em casa, comida em abundância, e o convido a almoçar comigo porque o almoço me sobra'. O lobo aceitou e saíram os dois, em direção à casa do cachorro. No caminho, o lobo vê uma marca em volta do pescoço do cão e diz: 'Compadre, o que é isso no seu pescoço?' E o cachorro responde: 'É a coleira. Fico solto a noite toda e algumas horas durante o dia. Depois fico preso na coleira'. Aí o lobo disse: 'Você fica preso numa coleira? Então não quero o seu almoço mais não'. E foi-se embora". (Nise da Silveira)*[5]

---

5    Entrevista de Nise da Silveira publicada na revista Rio Artes e disponível no livro "Encontros".

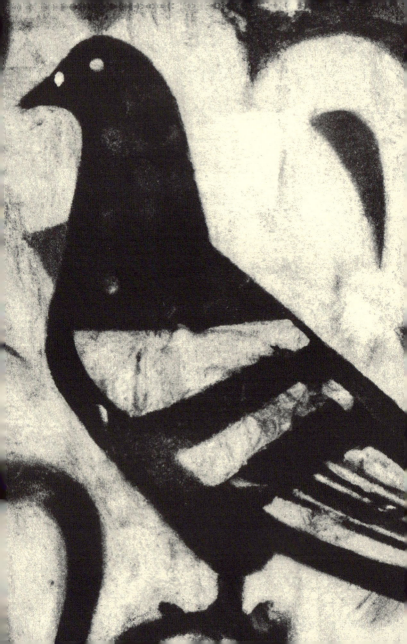

# As vísceras

Todos os dias as Educações coágulo fazem vocês mais pertencentes à Máquina Classificatória de Humanidades e, todos os dias, o seu pertencimento promove cisões que mobilizam o seu funcionamento maquínico. **Todos os dias vocês se aprofundam em um ser máquina e, por diversas vezes, passam a considerar que os desejos propagados pelos tronos maquínicos são os seus desejos – são realmente? Aprofundam-se e afundam-se na cisão.** Criaram a igualdade como um mito que solucionaria os problemas gerados pela Máquina Classificatória de Humanidades, mas, quando percebem o que ocorreu passaram a utilizar a igualdade para legitimar a dor e mais cisões entre os habitantes – passaram a utilizar a igualdade para servir aos interesses dos tronos maquínicos. Já a diferença foi criada por quem pode estabelecer cisões em forma de luta, porém, nem todos os habitantes seguem essa lógica e, com isso, os Humanos viraram gestores, aprofundando o seu poder sobre as outras Máquinas Classificatórias Existenciais. A Máquina Classificatória de Humanidades se fez assim, invadindo, roubando, estuprando, criando ciências, artes e filosofias que legitimam suas ações. Aqueles sentados no trono atestam as vidas que valem e o quanto elas valem. Grandes acionistas passaram a acreditar profundamente que uma montanha e um rio valem um bocado de moedas. Passaram a acreditar profundamente que se os rejeitos de mineração matarem as pessoas, arrastando-as por quilômetros, parte desse bocado de moedas poderá consolar as famílias das vítimas. Passaram a chamar isso de justiça e passaram a entender que pode existir algo que guie os acordos e as compensações. Os que estão sentados no trono maquínico tornaram-se cada vez mais perversos e a perversidade construiu aquilo que é o Humano. Qual a saída? Primeiramente vocês se entenderam como Humanos, depois, entenderam que nem todos são entendidos como Humanos e, em seguida, passaram a perceber que o entendimento de todos como

Humanos é baseado na mesma lógica estruturada pela Máquina Classificatória de Humanidade.

As Educações se manifestam a partir das relações entre ao menos um habitante da Máquina Classificatória de Humanidades e outro habitante em Terra ou Habitante da Máquina Classificatória de Humanidades – Habitante da Máquina Classificatória de Humanidades. Todos os processos que surgiram na relação entre habitantes de outras máquinas classificatórias existenciais são extremamente importantes, mas, creio que não possam ser chamados de Educações porque tal ato seria um novo processo de maquinofagia colonizadora, o qual interpretaríamos com as possibilidades derivadas das peças que compõem a Máquina Classificatória de Humanidades. Fiquemos com as Educações como produto de um funcionamento da Máquina Classificatória de Humanidades. A existência do Humano é maquínica, uma vez que ela depende de toda cadeia de significados proporcionados pelas Educações, para que possa ser compreendida assim. O que há de comum entre todos os filósofos, entre todos os artistas e cientistas que tentam encontrar as essências de uma existência é o pertencimento à Máquina Classificatória de Humanidades e a presença das vísceras dessa máquina que, mesmo diferenciadas, os(as) banham com sua capacidade de significar. Essa é a minha vantagem! **Um Pombo que faz experimentações científico-artístico-filosóficas e transforma tudo em excremento, brinda o mundo fungicamente. Micopolítica é trabalho excremental!**

Onde houver relação na qual um dos habitantes pertence à Máquina Classificatória de Humanidades há Educações. A relação do habitante com a cisão já é uma relação. Quando vocês se expressam: "isso é um animal!", uma teia de significados se forma produzindo um entendimento sobre o que "é um animal" e "o que não é um animal". A Escola, coágulo, funciona como estanque parcial dos fluxos, estanque das Educações. Passa por ela aquilo categoricamente permitido pelos controladores do trono maquínico. Não temo dizer que a escola serve à Máquina Classificatória de Humanidades e conduz vocês às cisões permitidas.

Toda e qualquer tentativa de intervir sobre a Escola passa pelos interesses dos tronos maquínicos e por sua aceitação. Todo processo de escolarização é zumbizada e estabelece uma obediência à Máquina Classificatória de Humanidades. Obediência àquilo que é preexistente, obediência aos sentados nos tronos, obediência. O contrário disso são as iniciativas que consistem na formação de pequenos coletivos para um enfrentamento que, em alguns instantes, poderá ser capturado. As Educações zumbizadas, bem como a escolarização, produzem em nós uma sensação de não haver saída – muito cuidado com isso, sempre há alternativa! Vocês aprenderam a desconsiderar a existência de uma angústia maquínica e, se algum dia ela os toca, as Educações zumbi os trazem a resposta rápida e pronta: ignore-a! Aqueles que assim decidem agir ficam sob a égide da Máquina Classificatória de Humanidades e dos ocupantes do trono durante o momento em que o habitante estiver em Terra.

O dever-ser do dever-ser nos conduz a uma aceitação da contradição que é habitar a Máquina

Classificatória de Humanidades. Habitar a máquina, então, requer perceber tal contradição. Perceber a contradição é o primeiro passo para vocês se libertarem das amarras de cisões conduzidas pela Máquina a serviço dos tronos. Segundo o equilibrista, habitar a Máquina com a angústia maquínica é conviver com dois caminhos que às vezes se apresentam como excludentes. O primeiro diz respeito a uma série de habitantes que se localizam nas bordas da Máquina Classificatória e que estão vulneráveis às políticas de morte impetradas pelos tronos maquínicos. Políticas de morte que geram um sentimento de desimportância. A Máquina Classificatória de Humanidades invadiu, estuprou, escravizou e todos aqueles que não se enquadravam em ideais de humanidade passaram a habitar as bordas. A esses não restava a possibilidade de outra existência, uma vez que a sua Máquina Existencial foi deglutida pela Máquina Classificatória de Humanidades. Os que se negaram, ou que foram negados, passaram a habitar as bordas da Máquina e, se a máquina gera um sistema de proteção, simultaneamente, ela possibilita um sistema de vulnerabilidade. Qual a solução, então? Trazer tais habitantes para o centro? A migração das bordas para o centro é uma forma de cambiar a Máquina e promover outras Educações. A migração, porém, mantém o sistema de funcionamento maquínico. Cisão, cisão, cisão. As prisões, os hospitais psiquiátricos funcionam como aprisionamento de habitantes na borda da Máquina Classificatória de Humanidades. Não por acaso, os habitantes do centro vão às bordas com fragmentos de peça em formato de Educações e dizem, após um longo tempo de aprendizados: "agora que isso sabem, podem habitar a Máquina". As Educações, utiliza-das como ferramentas de humanização, promovem a recuperação dos habitantes que menos se encaixam na Máquina. As prisões atuam como sistemas educativos, punitivos e formuladores de cisão interna à Máquina Classificatória de Humanidades. Ela aprisiona todos os que não se encaixam na Máquina Classificatória de Humanidades. Ela impede que a borda migre para o centro e a modifique.

O segundo caminho diz respeito a uma série de cisões que distinguem os habitantes da máquina Classificatória de Humanidades de outras existên-cias planetárias. E nessa eu me incluo. Vocês cortam árvores, criam frangos, gado, porcos para suas festas do excesso. Destroem florestas, montanhas, retiram minérios e constroem estradas. Tapam os rios e constroem prédios. Vivem uma soberania do Humano e da Humanidade sobre Terra. Essa segunda forma de pensar a Máquina Classificatória de Humanidades complexifica o problema gerado. As Educações que nos provocam a acreditar na soberania da Máquina sobre outras existências em nome de um "progresso" criam uma sensação de superioridade do habitante sobre qualquer outra forma de existência, promovendo formas desequilibradas de habitar Terra. Habitar a Máquina Classificatória de Humanidades pressupõe estimular tal angústia. Eis que na praça 7 de março o equilibrista encontrou um hacker e o questionou se ele apenas não desejaria que os tronos maquínicos mudassem de ocupantes. O equilibrista, atônito, mudou de assunto.

As Educações hacker são produtoras de valores de revolta. Encontros entre habitante-habitante; habitante-cisão; encontros. O encontro que precede a constituição do hacker é incômodo. Ele gera angústia, gera insatisfação, sobrecarga. O encontro que precede a constituição hacker produz curto--circuito nas conexões de existência pré-estabelecidas pela Máquina Classificatória de Humanidades. As Educações que mobilizam o hacker podem se dar nas Escolas – por mais difícil que seja tal encontro, uma vez que as Escolas mobilizam os valores de obediência zumbizada aos tronos maquínicos e nos proporcionam um "ser alguém" a serviço. As Educações hackers produzem devires e desfuncionamentos na Máquina Classificatória de Humanidades. São vísceras que servem para não funcionar. As Educações Hackers abraçam a angústia como motor do devir.

Descobri que o corpo de alguns dos Humanos deixa de funcionar aos poucos porque o sistema imune começa a atacar algum órgão, ao invés de protegê-lo. A doença autoimune ataca os órgãos, modifica as suas capacidades de funcionamento, a sua utilidade para o corpo e, com o passar do tempo, modifica o corpo. Ação hacker promove processos autoimunes na Máquina Classificatória de Humanidades. As

Educações autoimunes são uma série de processos desenvolvidos no interior da Máquina Classificatória de Humanidades que desestabilizam o sistema classificatório gerador de cisões. É produto do que aprendemos com o hacker sobre o funcionamento da Máquina Classificatória de Humanidades – as peças, os tronos maquínicos, os processos maquinofágicos, as vísceras. A Máquina Classificatória de Humanidades que sirva para não funcionar está comprometida com as vísceras que atuam de forma autoimune. Exponencialmente. Se as Educações estão a serviço dos tronos maquínicos, as Educações autoimunes possuem despropósitos e, no seu cerne, inutilidades. Esse é seu o poder!

**Se o capitalismo, como estrutura de gestão de recursos sentado no trono maquínico, estabelece a fragmentação do tempo e o aumento da produtividade, é no tempo improdutivo que residem as Educações autoimunes –no espaço do inútil e imprestável.**

As Artes, Filosofias, Ciências que não servem à Máquina Classificatória de Humanidades produzem Educações autoimunes. Elas recebem os fluxos das peças defeituosas e os recondicionam, modificando-os. Vísceras que perecem pela existência de vísceras que se propõem ao despropósito são força desreguladora do complexo sistema da Máquina Classificatória de Humanidades. São a força produtiva de flores em uma máquina inútil de Humanidades.

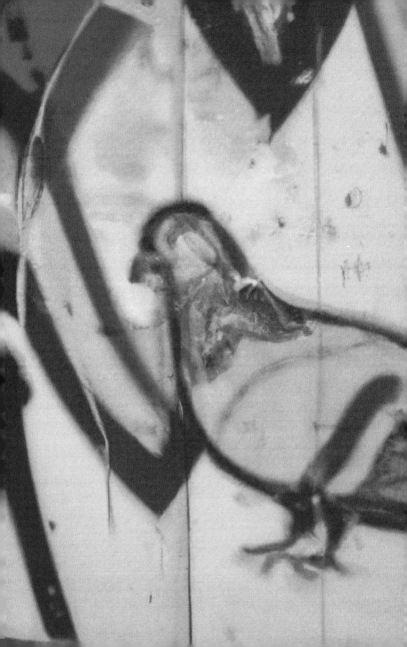

# Multiplexistências

*"O ser tem estados inumeráveis e
cada vez mais perigosos"*[6]
Antonin Artaud

6   Essa citação foi retirada de um comentário feito por Antonin
    Artaud sobre o pintor surrealista Victor Brauner. Encontrada
    por Nise da Silveira em antigas revistas de arte, a médica passou
    a utilizá-la no contexto da psiquiatria. Diz Nise sobre o con-
    ceito de estados do ser: "[...] Ele se refere aos estados do ser, às
    metamorfoses que aparecem naquela pintura. Nada de doença.
    Comecei então a estudar a obra de Artaud. Assim mudou minha
    visão da psiquiatria. Evito as palavras esquizofrenia e doença.
    Prefiro estados do ser, expressão que se aproxima da insegurança
    ontológica de Laing" (p. 136).

# Multiplexistências

Estar pelas ruas sem propósito, objetivo e utilidade me fez um bom observador e acredito que o conceito que vou apresentar a vocês será um incrível inutensílio no habitar da Máquina Classificatória de Humanidades.

Multiplexistência: em movimento, a coexistência entre os modos equilibrista, hacker e zumbi de habitar a Máquina Classificatória de Humanidades. Equilibrista, hacker e zumbi – produto e produção dos valores de ponderação, revolta e obediência que compõem o habitar a Máquina Classificatória de Humanidades –, se alternam e se sobrepõem em "Humanos".

**Permitir que a multiplexistência floresça é romper com o vitral normatizador que se estabeleceu. É um tornar-se potência que surge do coabitar equilibrista-hacker-zumbi. Muitos, simultaneamente e em movimento. Alternar, sobrepor, modificar. Permitir que o equilibrista que os compõem como potências viaje a outras Máquinas Existenciais e traga sempre um novo "dever-ser". Permitir que o hacker que os compõem como potência busque as frestas, inocule viralidades. Permitir que o zumbi selecione bons sagrados e os siga. Permitir coexistência e coabitação em um movimento incessante é multiplexistência. Caleidoscópio em movimento.**

Certo dia uma criança saiu correndo e esqueceu seu brinquedo. Tempos depois, conversando com um parente, foi me dito que era um caleidoscópio. Esse brinquedo é sempre construído por minimamente três espelhos que coexistem e coabitam. A imagem, produto da interação entre os espelhos, é única, mas, ainda, função dos espelhos que a compõem – função de uma configuração sutil e única que se dá ao rotacionar o caleidoscópio. Três espelhos, em movimento, produzindo infinitas configurações possíveis. O equilibrista, o hacker e o zumbi tornando-se equilibrista-hacker-zumbi. Não um, não outro, multiplexistência em potência. Multiplexistência é movimento. Quando o caleidoscópio gira, ele altera a imagem produzida. A multiplexistência – coexistência, em movimento, entre os modos de habitar a Máquina Classificatória de Humanidades – é produção incessante de formas de estar no intervalo que é a vida-morte. É produção de alternativas para viver sem perecer com a mesma Máquina Classificatória de Humanidades, que atesta garantir a vida. É estabelecer resistências criativas, possibilidades, inutilidades. Multiplexistência produz o florescimento de novos encontros e, consequentemente, novas Educações. A multiplexistência afronta o racionalismo, o capitalismo, o colonialismo. E se faz como o terror do "ser". É incerteza e constante transformação. Ruptura, autodestruição e reconstrução. Fragilidade, fratura, fragmentação.

Comecei esse texto com a angústia que me peguei sentindo – uma angústia dada pela reflexão sobre conceitos importantes como o Humano e a

Humanidade. Acho razoável que tais conceitos gerem angústia, afinal, **quando o Humano me chamou de Pombo, uma cisão foi criada e, após isso, também foi criado o maldizer do meu nome – como se eu fosse insuficiente para habitar Terra.**

Em seguida, para contar um pouco sobre minhas ideias, aprofundei a noção de Máquina Classificatória de Humanidades e tentei, em parceria com o equilibrista, o hacker e o zumbi, compreendê-la. Não haveria outro jeito de aprender tanto sobre uma espécie inteira que não fosse a maravilha desses encontros. Aprendi que uma Máquina que traz a cisão como seu *modus operandi* e é comandada por sistemas que se alojam em seus tronos e fazem de tudo para lá se manterem: as Educações, como vísceras da Máquina Classificatória de Humanidades, que se estruturam como uma gama de processos responsáveis pelos fluxos que fazem com que tal máquina não deixe de funcionar; as Ciências, Artes, Filosofias como peças da Máquina Classificatória de Humanidades; A Escola, formada pela condensação de alguns fluxos escolhidos com o objetivo de manutenção dos tronos maquínicos – uma peça que mantém as peças. E os habitantes da

Máquina Classificatória de Humanidades, mergulhados nos fluxos, submersos nos códigos de pertença, autointitulados "Humanos". Aprendi que nem todos aqueles que, pra mim, possuem aparência de Humanos são assim considerados, uma vez que os detentores do poder, aqueles sentados nos tronos, são os que ditam quem pode ou não se autoproclamar Humano. Eles que passaram a pertencer e a julgar, a classificar humanidades, foram os que passaram a dizer quem é ou quem não é humano, e a dizer quais atitudes são ou deixam de ser humanas. **A Humanidade, como um diploma, tomou de assalto todas as existências em Terra e, por isso, todos passaram a ter dificuldade de perceber o funcionamento da Máquina Classificatória** – vocês não percebem seus processos de maquinofagia colonizadora e nem as Ciências, as Artes e Filosofias como peças.

A angústia, entendida como uma angústia maquínica, é enfrentada pelo equilibrista com a ida a outras máquinas existenciais e a volta com dever-ser; pelo hacker, buscando em arqueologias fecais aquilo que foi deixado de lado porque a Máquina Classificatória de Humanidades entende como ameaçador, encontrando e realizando inoculações virais. – inoculações que projetam Educações e vísceras inúteis ao funcionamento da Máquina Classificatória de Humanidades; e pelo zumbi que, em sua ação mantém a obediência como valor sagrado e prefere mitigar a dor provocada pela angústia maquínica – seguindo sagrados, obedecendo ordens e pertencendo, quando muito, querendo que outro poder tome os tronos maquínicos para que possa obedecer quem mais o agrada.

Tenho para mim que ao escrever em composição com o equilibrista, o hacker e o zumbi, em um dado momento, dei espaço para um movimento incômodo e muito comum entre os Humanos– uma série de tentativas de assentamentos, encaixes, descobertas de modos de vida. O ser gritando nas mentes e provocando vontades de pertencimento. O ser dizendo: Eu sou! Eu sou equilibrista, Eu sou hacker, Eu sou zumbi. O ser gritava que "ser equilibrista é bom", "ser hacker é bom", "ser zumbi é bom". Por outro lado, simultaneamente abriram-se as portas de uma série de julgamentos maniqueístas que instituem o ser equilibrista, hacker ou zumbi como bons ou ruins. Sinto dizer que ambas as tentativas se conferem equivocadas nesse caso. O ser impede. Se sou, estabeleço infinitas negativas daquilo que não sou – se sou equilibrista, não sou hacker, não sou zumbi; se sou hacker, não sou equilibrista, não sou zumbi; se sou zumbi, não sou equilibrista e não sou hacker. O ser não cansa de tentar te persuadir, eu sei. Não, não falta coragem ao equilibrista, afinal, é preciso de coragem em abundância para viver sua vida equilibrando-se sobre o caos e produzindo forças que o mantém em movimento. Não, as ações hacker não são boas ou más – há julgamentos equivocados e há vírus que edificam mortes e, em situações como estas, revoltar-se contra as revoltas assassinas invocaria toda a complexidade de habitar a Máquina Classificatória de Humanidades. Compor hordas não pode ser negativizado, afinal, habitar não implica produzir valores em cada fragmento de momento vivido, mas seguir, também, alguns preestabelecidos e quase que cegamente. Eu mesmo, diversas vezes, vivo em bando. Sem meu bando eu não sobreviveria, sou um herói das ruas. Algumas urgências pedem uma rápida adesão e zumbizar-se pode ser, ao contrário da morte aparente, um grito pela vida. A formação de hordas é necessária contra o império do Eu – imaginem se todos fossem hackers durante todos os momentos, quais códigos sobrariam? Se todos fossem equilibristas, durante todos os momentos, como grandes que as mudanças nos códigos seriam realizadas? O equilibrista, o hacker e o zumbi ampliaram o entendimento sobre a Máquina Classificatória de Humanidades, sobre seus efeitos, eles apontaram ações, e me incitaram a provocar a multiplexistência, uma existência equilibrista-hacker-zumbi. Como um caleidoscópio que se movimenta formando infinitas configurações. Como criadores e criaturas da Máquina Classificatória de Humanidades, Humanos, criaram as Ciências, Artes, Filosofias. Vocês disseram quais Ciências, Artes, Filosofias pertenciam e quais não pertenciam à Humanidade – foram em outras Máquinas Existenciais e as roubaram, saquearam em nome daqueles sentados nos tronos maquínicos. **Mataram e roubaram em nome de Deus, em nome do rei, em nome do capital, em nome da história, em nome da razão, em nome da humanidade. Roubaram e mataram em missões de paz – sempre em prol de um bem a ser feito, de um futuro a ser conquistado, sempre com o aval daqueles que se sentam nos tronos maquínicos, sempre com o aval daqueles que ditam os fluxos, selecionam as cisões,**

**daqueles que conduzem as vísceras. Os Humanos se apropriaram das Artes, Ciências, Filosofias, mas, também, de corpos, de força de trabalho, tudo em prol da Máquina Classificatória de Humanidades – vocês, "Humanos", constituíram-se em processos de maquinofagia colonizadora. Capturaram, estupraram, escravizaram os habitantes de outras Máquinas Existenciais. Destruíram seus saberes, seus modos de vida – transformaram tudo que não nos apetecia em bosta. Vocês, "Humanos", criaram teias e se embolaram nelas. Quando perceberam, já acreditavam que a cisão era a lei do mundo.** Criaram Educações que aprisionam, Educações que os impedem de despertar – educações para Deus, Educações para o eu, Educações para o capital, Educações para o ser, Educações "para". Estabelecemos finalidades, criamos utilidades, imposições. O que me resta, como pobre Pombo? Avisar, sem muita certeza de que serei lido.

Diante do sentimento de angústia maquínica, quais saídas são possíveis? Preciso dizer que o nascimento no interior da Máquina Classificatória de Humanidades é também a negação da multiplexistência em prol de um tornar-se ser a serviço dos interesses maquínicos. Comprimidos pela Máquina Classificatória de Humanidades os Humanos passaram a odiar tudo aquilo que não se faz espelho e, às vezes, a odiar, também, o ser espelho. A Máquina Classificatória de Humanidades negou a multiplexistência e fez da cisão o seu *modus operandi*. Quando o cordão foi cortado, vocês passaram a ser friamente fracionados, feridos, separados, forçados ao ser. A primeira cisão foi a negação da multiplexistência e todo o desenvolvimento entre vida-morte se dá como reflexo de uma multiplexistência negada. Não, vocês não celebram a multiplexistência porque a sua celebração os remete a todas as infinitas possibilidades tiradas de nós pela Máquina Classificatória de Humanidades para, enfim, podermos gozar a Humanidade. Hannah Arendt, quando, em *A vida do Espírito*, diz que "A pluralidade é a lei da Terra", ela está correta, entretanto, a Terra não são vocês, habitantes da Máquina Classificadora de Humanidades. A Máquina Classificatória de Humanidades é a Máquina Classificatória de Humanidades, e a **Terra,** que já existia antes de seu surgimento, continuará existindo após o seu fim – e o nosso também. A Terra abriga e abrigará um número gigantesco de existências para além da sua vontade de superioridade ou para além da crença em um absoluto que os fez "criaturas" especiais. Não, não são especiais – nem pelo fato de escreverem livros – nós, Pombos, também escrevemos e qualquer dia, se conseguirem nos entender, saberão o que pensamos de vocês. Tomo, então, multiplexistência como a lei da Terra. Multiplexistência habitando a multiplexistência.

Eu entendo, vocês mergulharam na Máquina Classificatória de Humanidades. Foram forjados aprendendo a habitá-la e a dizer quem é apto ou inapto ao coabitar, aprenderam as Ciências, Artes, Filosofias, e o que tiraram disso? Uma série de pensamentos que julgam ser corretos, os quereres corretos– acharam um lugar para se assentarem e com uma grande sensação de pertença, na Máquina Classificatória de Humanidades. Meu texto, prezados e desprezíveis Humanos, busca tirar o sossego. Vocês descartaram as multiplexistências de todos os habitantes em troca de ser Humano e descartaram a multiplexistência em Terra por uma sensação de pertencimento a uma Humanidade. O hacker questionava: "aprendemos na Escola como 'ser alguém', entretanto, que alguém é esse? Seria possível que o coágulo constituinte da Máquina Classificatória de Humanidades, criado pelos controladores dos tronos maquínicos e utilizada para seus interesses, pudesse ensinar algo diferente do útil? Se eu fosse acreditar em uma Escola, deveria ser a Escola do nada, baseada em uma pedagogia das angústias e a serviço de ninguém. Só essa Escola poderia proporcionar a reativação das multiplexistências castradas pela Máquina Classificatória de Humanidades, todas as outras estão a serviço". A multiplexistência que compõe cada habitante é posta em questão pela Máquina Classificatória de Humanidades. Ser Humano é ser uno e, de preferência, aquele uno que se faz útil aos interesses Maquínicos. Em uma constituição como equilibristas-hackers-zumbis em ações derivadas dos valores de ponderação, revolta e obediência, é possível em liberdade, aflorar as multiplexistências contra o império da Máquina Classificatória de Humanidades.

A vontade de ser inviabiliza o devir, mas, quando vocês perceberem que é possível romper com o uno e habitar a Máquina Classificatória de Humanidades como equilibrista-hacker-zumbi, alternando, produzindo valores, celebrando a Terra em uma grande imanência, vocês começarão a quebrar os vitrais e a proporcionar o giro caleidoscópico. A resposta, mesmo que parcial, inacabada, para a angústia maquínica é a multiplexistência. Como um caleidoscópio que gira e produz diferentes configurações, quando vocês conseguirem vibrar e se permitir como multiplexistências, vocês ganharão a capacidade de cambiar-se, de não ser o mesmo e, assim, de não sucumbir diante da angústia. Nem a abraçar por tempo o bastante a ponto de tomá-la como novo absoluto, nem a desprezar por tempo o bastante a ponto de acreditar que ela não exista. A multiplexistência proporciona ser muitos ao mesmo tempo e em movimento. Ela é inimiga direta da Máquina Classificatória de Humanidades que, insistentemente, busca rechaçá-la. A multiplexistência, para os controladores do trono maquínico, é doença. Excluam, senão teremos uma multidão de loucos – diz o racionalismo, o capitalismo, colonialismo.

A oscilação equilibrista-hacker-zumbi, indesejada na Máquina Classificatória de Humanidades, é o que surge como potência daqueles que a habitam e não se bastam. Enfrentar a Máquina como equilibristas-hacker-zumbi, vibrando, produzindo valores a cada encontro. Equilibrando-se rumo a outras Máquinas Existenciais e voltando com grandes propósitos, como ensinado pelo equilibrista; dominando os códigos, buscando frestas, realizando arqueologias fecais e inoculando vírus que travam a Máquina Classificatória de Humanidades, como o ensinado pelo hacker; estabelecendo sagrados, seguindo com paixão, vibrando, construindo hordas e forças coletivas, como ensinado pelo zumbi. Girando, como caleidoscópio, sem ser equilibrista, hacker ou zumbi, mas, ao mesmo tempo, os três. Se vocês conseguirem manter o caleidoscópio ativo durante o ínfimo momento que chamamos, diante do cosmos, de vida, vocês poderão ser muitos, coexistentes e durante todos os dias realizar processos de autodestruição e reconstrução. Habitar a Máquina Classificatória de Humanidades como Multiplexistência é um ato de coragem, uma preparação para a guerra antes anunciada por Antoin Artaud.

# O mito de Oxumarê

Peço licença para insistir na multiplexistência. Para tal tomo, como alegoria, um mito proveniente de uma Máquina Existencial que sofreu com as ações da Máquina Classificatória de Humanidades. Farei uma adaptação do mito *"Oxumarê transforma-se em cobra para escapar de Xangô"*. Encontrei tal mito em um livro esquecido na Praça da Sé – *Mitologia dos Orixás* apresentado por Reginaldo Prandi. O texto contava que, quando falamos sobre medo, podemos entender que medo, de verdade, foi sentido por Oxumarê. Rapaz bonito e muito invejado, com roupas de arco-íris e joias de ouro e bronze que faiscavam de longe, Oxumarê era daqueles de quem todos gostariam de se aproximar – homens, mulheres –, e com ele se casar. Todavia, Oxumarê, contido e solitário, tinha preferência em andar só pela abóbada celeste, onde todos conseguiam vê-lo em dia de chuva. Um certo dia Xangô mirou Oxumarê passando com suas cores e brilho metalizado e, levando em consideração que Oxumarê era daqueles que não deixava ninguém se aproximar, pensou que seria interessante capturar o Arco-Íris. Xangô logo preparou uma armadilha e chamou Oxumarê para uma audiência em seu palácio. Assim que Oxumarê chegou na sala do trono, os soldados de Xangô fecharam as portas e as janelas, aprisionando-o. Desesperado, Oxumarê tentou fugir, mas logo percebeu que todas as saídas estavam trancadas pelo lado de fora. Pensem na cena: Xangô correndo atrás de Oxumarê em seu palácio e Oxumarê escapando – correndo de um canto para o outro, esgueirando-se dos braços de Xangô. Cansado e sem ver como fugir de tal situação, Oxumarê pediu ajuda para Olorum, que ouviu a sua súplica. Bem quando Xangô conseguira imobilizar Oxumarê, ele foi transformado numa cobra. Com nojo e medo, Xangô largou Oxumarê que, em forma de cobra, deslizou pelo chão com movimentos rápidos e sinuosos. Oxumarê encontrou uma pequena fresta entre a porta e o chão e por ali escapou, livrando-se do assédio de Xangô. Xangô pode ser entendido como a ação da Máquina Classificatória de Humanidades. Senhor da justiça, ele deseja capturar todos os seres que a ele não pertencem. São feitas armadilhas de captura, um convite, uma proposta, uma vantagem, um pertencimento. Porém, Oxumarê se faz sinônimo de liberdade, multiplexistência. Multiplexistência que não se curva, multiplexistência que não pode ser capturada – por mais que tentem os comandantes do trono. O medo de Oxumarê não deve ter sido pouco quando percebeu a armadilha preparada, mas, sem se dar por vencido, Oxumerê achou uma fresta. Ele superou o medo e encontrou uma saída – uma passagem entre a porta e o chão. Quando já sem esperança, quando capturado por Xangô, Oxumarê se tornou cobra e saiu pela terra rastejando. Ele saiu pela terra, e não subindo em árvores, por mais que as cobras assim possam fazer caso desejem. Pela terra como um ato de profunda imanência e desobediência aos comandos do transcendente, do trono que impunha a ele o seu poder. Oxumarê mostra que ele é muitos, e o é ao mesmo tempo, e que por isso consegue escapar da captura. Oxumarê torna-se cobra, cobra que come o próprio rabo e gira produzindo valores. Oxumar ensina que a saída para as capturas conduzidas pela Máquina Classificatória de Humanidades é a multiplexistência. Espírito livre, ação. Uma cobra comendo o próprio rabo em rotação constante, quebrando as amarras e produzindo valores. Se a Máquina Classificatória de Humanidades provocou em seus habitantes capturas, amarras profundas, Oxumarê ensina a encontrar as frestas. Cobra que rasteja, que escapa. Escapa porque foge da forma original, escapa porque surpreende aquele que desejava capturar. Escapa porque Oxumarê não se transformou em qualquer outro habitante, mas em uma cobra – ativando a repulsa de Xangô. Ele, portanto, conhecia os medos daquele que se assentava no trono maquínico. Conhecia a Máquina de dentro. O convite que se fez captura provocou medo, mas tal medo foi superado quando Oxumarê se fez multiplexistência. Agora era Xangô que temia, Xangô que ativara seu medo, seu nojo. A multiplexistência permite enfrentar o *modus operandi* da Máquina Classificatória porque ela é aquilo que gera repulsa nos tronos maquínicos. Os tronos amam o ser, afinal, o ser é controlável, medido, mensurado. A multiplexistência é irrefreável e, por isso, abominável para aqueles que desejam controlar a existência. O ser equilibrista pode trazer novos mundos que sejam capturados pela Máquina Classificatória de Humanidades; o hacker pode produzir revoltas rechaçáveis, abafadas, as viralidades podem ser vacinadas, ou até mesmo viralidades que, para além do desejo do hacker, reforçam o poder da Máquina Classificatória de Humanidades; o zumbi pode ser conduzido de acordo com os interesses dos tronos maquínicos – assim como os sussurradores faziam com as hordas zumbi em *The Walking Dead*. Com iscas bem planejadas, rapidamente milhares de zumbis seguiam aqueles que se vestiam com as peles zumbizadas. Todas essas alternativas se dão como verdades – a Máquina Classificatória de Humanidades encontra saídas para tudo que se faz previsível. A imprevisibilidade é por ela taxada como loucura, e sua ação é tentar silenciá-la – prender, calar. A multiplexistência, caleidoscópio girando, promove saídas, promove encontrar as frestas e promove transformações. Ser muitos e ao mesmo tempo é algo terrível para a Máquina Classificatória de Humanidades. Oxumarê é a representação da multiplexistência. E de forma despretensiosa ele mostra que a multiplexistência se dá como imanência, afinal, se antes Oxumarê habitava a abóbada celeste, foi no tornar-se cobra que ele escapa da armadilha de Xangô.

Ser muitos e ao mesmo tempo é sempre poder desviar do esperado e encontrar caminhos de enfrentamento a todas as tentativas de captura pela Máquina Classificatória de Humanidades. Assim, encerro esse texto, como muitos e ao mesmo tempo. Como um Pombo, ativista, escritor – herói das ruas, observador atento. Vocês que sente nojo de mim saibam que não passo de um multiplexistente que exala resistência e excrementa devires. Ao fim, só resta um questionamento: Para quem, ou para o quê, são perigosos os inumeráveis estados do ser?

## Posfácio – Alexandre Luiz Polizel

Professor no Instituto Federal de Educação, Ciência e Tecnologia do Espírito Santo. Doutorando em Ensino de Ciências e Educação Matemática (UEL). Aspirante das Biologias, filosofias e Psicanalises. Coordenador do Núcleo de Estudos e Pesquisas em Gêneros e sexualidades; Líder do Kultur – Grupo de Estudos e Pesquisas em Filosofias, Educações, Ciências, Culturas e Sexualidades. Busca aventurar-se pelos estudos narrativos, das escutas e taxonomias das diferenças.

## Quarta capa – Francielly Baliana

Francielly Baliana é escritora, professora de literatura e jornalista. Publicou os livros "Um já que jaz" (Editora Patuá, 2018) e "Esse mito, a história" (Editora Ape'Ku, 2020). Seu novo livro de poemas, "Relinchos", sairá em 2023 pela Editora Fábrica de Cânones. Também atua como pesquisadora, realizando doutorado em Teoria Literária e Literatura Comparada pela USP – Universidade de São Paulo.

# REFERÊNCIAS

ACOSTA, Alberto. **O bem viver: uma oportunidade para imaginar outros mundos**. São Paulo: Editora Elefante, 2019.

ARENDT. Hannah. **A vida do Espírito**. Rio de Janeiro: Editora Civilização Brasileira, 2021.

ARENDT, Hannah. **Eichmann em Jerusalém**: um relato sobre a banalidade do mal. Trad. José Rubens Siqueira. São Paulo: Companhia das Letras, 2014.

ARTAUD, Antonin. **Eu, Antonin Artaud**. Lisboa: Hiena Editora, 1988.

CAMUS, Albert. **O Estrangeiro**. Rio de Janeiro: Editora Record, 2019.

CAMUS, Albert. **O homem revoltado**. Rio de Janeiro: Editora Record, 2020.

CAMUS, Albert. **O mito de sísifo**. Rio de Janeiro: Editora Record, 2021.

DE BARROS, Manoel. **Poesia completa**. São Paulo: Leya, 2010.

DELEUZE, Gilles.; GUATTARI, Félix. **Mil platôs**: capitalismo e esquizofrenia. 5 v. São Paulo: Editora 34, 1995-2000.

DELEUZE, Gilles; GUATTARI, Félix. **O anti-édipo**. Editora 34, 2010.

DESPRET, Vinciane. **Auto-Bio-grafia de um polvo e outras narrativas de antecipação**. Rio de Janeiro: Bazar do Tempo, 2021.

FARMEI!#5: **The Last of Us - Ciências-Filosofias-Educações para os fins de mundo.** Entrevistado: Alexandre Luiz Polizel. Entrevistadores: Mayara Melo, João Tenório, Roberto Dalmo, Paloma Bezerra. [S.I]: GEECCplay, (28 Out. 2020). Podcast. Disponível em: <https://anchor.fm/farmeipodcast/episodes/Farmei--5---The-Last-of-Us---Cincias-Filosofias-Educaes-para-os-fins-de-mundo-elmmdi> . Acesso em: data.11/04/2022.

FOUCAULT, Michel. **Vigiar e punir**. São Paulo Editora Leya, 2014.

HALL, Stuart. **Cultura e Representação**. Rio de Janeiro: Editora PUC-Rio, 2016

HARAWAY, Donna J. **Staying with the trouble**: Making kin in the Chthulucene. Duke University Press, 2016.

KANT, Immanuel. **Observações sobre o sentimento do belo e do sublime**. Campinas: Papirus, 1993.

KETHAL, Ashish; SALLEH, Ariel; ESCOBAR, Arturo; DEMARIA, Federico; ACOSTA, Alberto. **Pluriverso**: um dicionário do pós-desenvolvimento. São Paulo: Editora Elefante, 2021

KRENAK, Ailton. **Ideias para adiar o fim do mundo (Nova edição)**. São Paulo: Companhia das Letras, 2019.

KRENAK, Ailton. **A vida não é útil**. São Paulo: Companhia das Letras, 2020.

LISPECTOR, Clarice. **Todas as crônicas**. Rio de Janeiro: Editora Rocco, 2018.

MELLO, Luiz. C. (Org.). **Encontros - Nise da Silveira.** Rio de Janeiro: Ed. Azougue. 2009.

PINHEIRO, BÁRBARA. **História preta das coisas**: 50 invenções científico-tecnológicas de pessoas negras. São Paulo: Editora Livraria da Física. 2021.

PRANDI, Reginaldo. **Mitologia dos Orixás.** São Paulo: Companhia das Letras, 2001

NIETZSCHE, Friedrich. **Assim falou Zaratustra.** São Paulo: Companhia das Letras, 2011.

SILVEIRA, Nise da. **Cartas a Spinoza.** Rio de Janeiro: Francisco Alves, 1995.

SILVEIRA, Nise. **Os inumeráveis estados do ser**. Rio de Janeiro: Museu das Imagens do Inconsciente, 1987.

SMITH, Linda. **Descolonizando metodologias: pesquisa e povos indígenas**. Curitiba: Editora UFPR, 2018.

TSING, Anna Lowenhaupt. **The Mushroom at the End of the World**. New Jersey: Princeton University Press, 2015.

**São Mateus,**
**13 de março de 2023**

Caro Bartholomew Feather, quem escreve esta carta para ti é um Humano chamado por outros Humanos de Alexandre Polizel. Dedico boa parte dos meus estudos à Biologia, Filosofia e ao pensar as Educações. Todos esses temas são bem importantes para nós e, por isso, é com apreensão que escrevo esta carta. Apreensão que emergiu a partir de um duplo encontro – o encontro com "A máquina classificatória de humanidades" e, ao mesmo tempo, com a presença da proliferação de *Cryptococcus sp.* relacionados aos excrementos nos quais estão contidas as suas mensagens e que foram traduzidas pela equipe do, também Humano, tradutor deste livro, Roberto Dalmo. Digo isto por de um lado compreender que tal espécie não é *a priori* identificada em sua completude, bem como o principal motivo de sua proliferação ser a interrelação com excrementos. Vejo, neste sentido, que a vida se produz de um processo digestivo – como nos pontuaria Friedrich Nietzsche. **Tal encontro me faz pensar as produções de sentidos, valores e representações, em que algo é disponibilizado ao externo para a proliferação de outros modos de vida, e algo que é retido para si, para o corpo-organismo nutrir-se e elaborar seus próprios processos metabólicos.**

Tal perspicácia só poderia vir de um Columbídeo, que fez-se cosmopolita e cosmopolítico, que faz emergir a existência em múltiplos lugares e cruza fronteiras constantemente (sem nega-las). Este *Columba sp.* que faz emergir a fala sobre o mundo e sobre as humanidades o faz ao circular os espaços públicos, em uma polis onde os não humanos interagem e produzem suas excrecências, dando substrato a outros modos de vida. **Este pombo em sua perspicácia produz aquilo que processa rapidamente, o que consome – não carregando o peso daquilo que o atrapalharia alçar voos (ou que o exigiria um maior desgaste energético).**

A noção de humano, enquanto uma produção residual, é percebida na perspicácia 'ornítica' ao mesmo criar seus próprios personagens conceituais (e o que nos diria Gilles Deleuze e Félix Guattari se conhecessem as filosofias columbídeas?), trazendo a humanidade enquanto produção furtada constantemente pelos zumbis, equilibristas e hackers. **Rejeitos de diferentes formas que poderiam simbolizar (que humano este conceito) metamorfoses entre tais modos de existir em intercambio e intermitências, bem como poderia simbolizar diferentes estágios de sucessão de 'humanos' que emergem e dão condições para os que seguem, e até mesmo a percepção de que estas humanidades classificadas são temporárias e como substrato para as vidas logo darão espaços para outras...**

Não posso deixar de olhar para as proliferações fúngicas de *Cryptococcus sp.* e pensar: como foi sensível você, Bartholomew Feather, capaz de ouvir os pombos e articular suas gramáticas. Este talvez seja o primeiro afetar que esta obra nos convida: sensibilizar os ouvidos, operar escutas, tessiturar narrativas... Talvez (como sou viciado neste termo) o primeiro convite da obra seja algo que os tempos vigentes têm esquecido: a escuta do que o Outro, diferente do Eu, tem a dizer sobre o coletivo (se é que o Eu contemporâneo fala sobre o coletivo, ao invés do esvaziado uso desta palavra). Digo, em tempos nos quais prolifera-se um inferno do igual, cerceia-se a possibilidade do Outro falar, **escutar o que os pombos têm a dizer sobre as humanidades é um exercício de fato árduo e altero.**

Outra percepção que tenho de sua obra, meu caro Bartholomew, é de que, antes de falar de humanidades, **o seu texto condensa um trabalho que reflete sobre a linguagem e as gramáticas do comum.** Sempre penso, assim como um *Cryptococcus sp.* faz-se em articulação ao substrato e a gramática que os excrementos dos pombos possibilitam (ou de outros animais), os seres se fazem nesta associação de um horizonte do (in) comum. É desta gramática-linguagem que seu texto se inicia, é da busca de uma ampliação do horizonte dos possíveis que a escuta-escrita torna-se possível. E esta gramática-linguagem encontra-se erodida, privatizada ou mercurizada no tempo presente.

Não estou aqui dizendo que as humanidades classificadas, ou melhor, a Máquina Classificatória de

Humanidades não seja importante; mas afirmo que tal aspecto só me veio depois da preocupação com a escuta e a gramática-linguagem que propiciaram esta a partir dos Columbídeos. Na verdade, percebo que as humanidades-classificadas que emergem do trabalho taxonômico de vocês, os Pombos, sintetizados pela sua obra (e quem diria que teríamos, dos pombos, uma resposta a Charles Darwin, que emprestou, de seu olhar a estas aves, a possibilidade de formular suas bases da teoria evolutiva – que foi uma teoria inicialmente sobre pombos) me soam uma ironia como cambiáveis, esgotados, em equilíbrio ou hackeando as normas (e ainda depende das normas para isto). Todavia as ironias, e creio que Friedrich Nietzsche e Isabelle Stengers aprenderam este conceito com os pombos, não negam que as humanidades operam (em sua classificação) e são conceitos importantes e demandados (apesar de seu peso). Me parece que assim como os *Cryptococcus sp.* Ao multiplicarem suas formas leveduriformes fazem multiplicar formatos-possibilidades de humanidades, as dão formato-classificam, sem fixá-las (talvez apenas os zumbis acreditem que suas formas--humanas são fixas).

Acredito, em contraponto, meu amigo Bartholomew (posso chamar você de amigo? Passei tanto tempo em seu texto que já sinto algo próximo de uma peculiar intimidade) que nós, Humanos, temos que estar atentos a alguns dizeres dos pombos expressos em seus substratos. Ao menos três pontos me chamam atenção nos *Columbas sp.*: i) a digestão destes ocorre de forma extremamente rápida, o que lhes permite alçar voos com economia energética, mas as digestões rápidas não me agradam, me lembram do aceleracionismo do tempo presente, da fluidez disforme dos dejetos e do pouco espaço para as más digestões (que para mim são de suma importância, aliás não teríamos vida e endossimbioses sem más digestões); ii) os *Cryptococcus sp.* que se multiplicam nas excretas 'orníticas' podem se comportar enquanto agentes oportunistas, patogênicos e tirar-nos o ar (de um lado isto é de suma importância pelo fato da própria classificação-forma de humanidade-zumbificada precisar morrer para que outra seja possível, de outro preocupa-me o que o surfar nos hackeamentos pode matar corpos em ato afirmativo); e iii) me preocupa a relação dos humanos com os Columbídeos, e digo isto pois me parece que há uma relação de dupla 'domestificação' entre ambos, tenho até mesmo a impressão de que seus pombos (e não os digo enquanto posse, mas enquanto aliados) fazem uma 'imersão columbológica' para classificar esta maquina classificatória de humanidades, e isto requer alteridade mas, também, coevolução – e me preocupa muito os modos de domestificação de qualquer natureza. Todavia, estas inquietações e percepções podem ser rastros da normose do 'humano' ecoando em minha caixa encefálica e em meus interstícios corpóreos (aliás, acredito que seja o interstício o maior órgão do corpo).

**Talvez eu precise ouvir mais os pombos... talvez esta obra seja um convite a ouvi-los e pensar as humanidades...**

Estimo que como os pombos voam cosmopolitamente, esta obra também alce voos transcontinentais.

Grande Abraço.

Alexandre Luiz Polizel

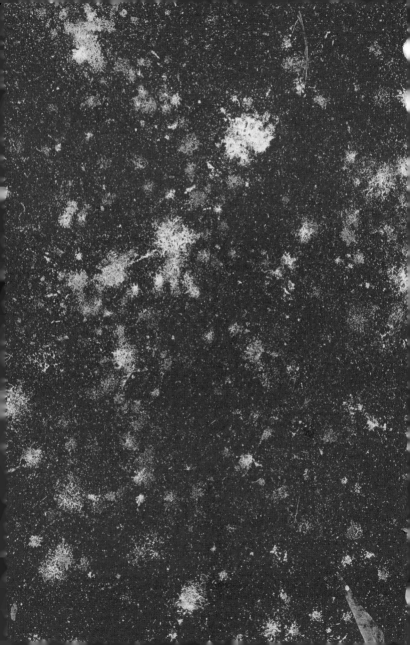